JN096008

Design & Management

地域学校協働の
デザインとマネジメント

コミュニティ・スクールと
地域学校協働本部による学びあい・育ちあい

熊谷愼之輔・志々田まなみ
佐々木保孝・天野かおり
KUMAGAI SHINNOSUKE / SHISHIDA MANAMI
SASAKI YASUTAKA / AMANO KAORI

学 文 社

目　　次

凡 例

　本書における表記については，以下の「略記」を用いる。

■**文　科　省**：文部科学省
■**地 域 本 部**：学校支援地域本部
■**地 教 行 法**：地方教育行政の組織及び運営に関する法律
■**CS**　　　：コミュニティ・スクール
■**スタート文書**：『みんなで支える学校　みんなで育てる子ども～「学校支援地域本部
　　　　　　　　事業」のスタートに当たって～』（文部科学省・学校支援地域活性化
　　　　　　　　推進委員会によるリーフレット）
■**協 働 答 申**：「新しい時代の教育や地方創生の実現に向けた学校と地域の連携・協
　　　　　　　　働の在り方と今後の推進方策について（答申）（中教審186号）」
■**協 働 本 部**：地域学校協働本部
■**SL**　　　：サービス・ラーニング

序　章
地域学校協働の定義とその課題

| 1 | 地域学校協働とは―本書のねらい― |

　本書を読んでいただくにあたり，筆者らが書名に込めた想いや，どのような読者を想定しながら執筆にあたったかを切り口に，本書のねらいについて説明していこう。

　「地域学校協働」という用語が，今のところ聞きなれたタームでないことは承知している。それでもあえてこの言葉にこだわったのには，理由がある。それは，地域と学校とがともに取り組まねば解決できない教育問題が，私たちの社会には確かに存在し，その解決に向けて組織的に取り組む地域学校協働という手段の開発が，わが国の教育改革にとって喫緊の課題であると考えているからである。本書でいう地域学校協働は，教育事業の名でも，組織や施設の名でも，教育・学習活動や教育領域をさす用語でも，政策スローガンでもない。今，学校や地域のなかで起きている教育の課題を克服する方法をさす用語として，本書では取り扱っている。

　この地域学校協働に組織的に取り組んでいくためには，目的の達成に向かって短期，中期，長期的な見通しから周到にデザイン（設計）された計画，組織，体制のあり方が問われなければならない。そして当然のことながら，計画や組織などさえあればよいのではなく，持続的に，かつ円滑に目的を達成していくためのマネジメント（管理，運営）のあり方についても，試行錯誤が続けられねばならない。本書は，こうしたデザインとマネジメントという2つの視点から，地域学校協働の方法論を多くの読者にわかりやすく解説することをねらいとしている。

ただし，政策動向や好事例，汎用性の高いモデルを提示するだけの，いわゆるハウツー本にならぬようにも留意した。確かにこうした情報はわかりすく，すぐにでも役立てることができそうな気持ちにさせてくれる。しかし，地域の特性やかかえる課題，あるいは関係者の意識や期待によって，地域学校協働の形は必ず異なる。先進的な好事例をそのまま自分たちの地域や学校にあてはめてみても，まずうまくはいかない。しかも，職員の異動や地域コーディネーター（地域学校協働活動推進員）の入れ替わり，あるいは取組の成熟度によっても地域と学校との関係性は変化する。それゆえ定期的に状況を診断し，それに見合ったデザインとマネジメントを試行錯誤しつづけていかねば，数年もたたぬうちに形骸化してしまう。地域学校協働の考え方を理解し，それをもとに各地での「応用問題」を読者の皆様に解いていっていただく一助として，本書が役に立つことを願っている。その意味で，本書は管見の限りではあるものの，地域学校協働に関する初めての専門書といってよいのではないかと考えている。

　では，地域と学校とでともに取り組まねば解決できない教育問題とは何か。

> 　青少年が夢や目標を持ちにくくなり，規範意識や道徳心，自律心を低下させている。いじめ，不登校，中途退学，学級崩壊などの深刻な問題が依然として存在しており，青少年による凶悪犯罪の増加も懸念されている。家庭や地域社会において心身の健全な成長を促す教育力が十分に発揮されず，人との交流や様々な活動，経験を通じて，敬愛や感謝の念，家族や友人への愛情などをはぐくみ，豊かな人間関係を築くことが難しくなっている。また，学ぶ意欲の低下が，初等中等教育段階から高等教育段階にまで及んでいる。

　これは，2003 年 3 月の中央教育審議会答申「新しい時代にふさわしい教育基本法と教育振興基本計画の在り方について」において，当時，直面しているとされた教育の「危機的な状況」を指摘した記述である。すでにこの答申が出され 20 年近くが経過しようとしているが，ここに記された教育問題のうち，明らかな改善がみられるものを，1 つでもあげることができるだろうか。

　同答申では，こうした教育問題の解決方策として，学校，家庭，地域の三者の連携・協力が重要であることや，この三者が，それぞれ子どもの教育に責任

をもつとともに，適切な役割分担の下に相互に緊密に連携・協力することが重要であること，さらにはそうした連携・協力を進めていくうえで，これからの学校が積極的に説明責任を果たしながら，保護者や地域の人々の積極的な参加や協力を求めていくことが重要であること，この3点が明示された。それを受け，2006年に改正された教育基本法には第13条として，「学校・家庭・地域の連携協力」が新設されることとなったのは，多くの人々が既知のことだと思う。本書でいう地域学校協働は，この教育基本法第13条に基づき，教育行政を中心に積極的な推進が求められるべきものであることに間違いない。

　現在，文部科学省（以下，文科省）では，「学校を核とした地域力強化プラン」として学校，家庭，地域の連携・協力を推進する各種事業が展開されており，その中核となっているのが「地域と学校の連携・協働体制構築事業」である。同事業は，「地域と学校が連携・協働し社会総掛かりで教育を行う体制を構築すること」をめざしている。その実現にあたって，幅広い地域住民や企業・団体らの参画により，子どもたちの成長を支え，地域を創生する「地域学校協働本部」（以下，協働本部）を中心とした取組（地域学校協働活動）と，学校が地域住民等と目標やビジョンを共有し，地域と一体となって学校ガバナンスの充実，改善を進める仕組みである「学校運営協議会」を設置している学校（コミュニティ・スクール：以下，CS）の取組とを，一体的に推進することが求められている。

　しかし，本書でのちに詳しくその経緯を解説するが[1]，協働本部を中心とした社会教育の取組と，CSを中心とした学校教育の取組とは，そもそもの出発点が異なり，いわゆる「縦割り」のしがらみを乗り越え，一体的に推進するためのビジョンを描き出していくことに，双方の多くの関係者が苦慮している。これは，地域学校協働をめぐる最大の課題だと本研究グループは考えている。そのため，本書は，子どもたちへの教育支援を学校とともにしっかりと担うことができる地域づくりに尽力している社会教育の行政職員や施設職員，地域学校協働活動推進員や地域コーディネーターとして活躍している地域住民の皆様にも，また，地域の学校運営への参画を促し，「地域とともにある学校づくり」

をけん引している学校教育の教職員や行政職員，学校運営協議会の委員としてかかわっている地域住民の皆様にも，同じ地域学校協働というツールを活用することへの理解を深めていただけるよう，注意を払って執筆した。というのも，予測をすることが困難な変化をしつづける社会に柔軟に対応し，子どもたちのよりよい学びを支えていくためには，関係するすべての大人（教職員，保護者，地域住民）同士が，それぞれの多様な経験やスキルをもち寄り，子どもたちにどう育っていってほしいのかをともに考え，試行錯誤しあう「大人同士の学びあい」を活性化することが不可欠だと考えているからである。筆者らはそうした成人学習を支援し，推進したいと願って研究を続けてきた。

2　「協働」の構造

　地域学校協働という方法を説明する視点として，本書では，教職員と地域住民という立場の異なるもの同士の「協働」の成熟度に着目した。「協働：collaboration」については，バーナードのいう「共通の利害関心を持つ人々が共通の目的のために機能的な協力をすること」[2]といった定義が，経営学や教育経営学の分野で専門用語として定着している。そして，国内外を問わず，バーナードの「協働」の概念に依拠した研究の多くでは，活動を担う人々や組織同士の関係性が最も成熟したステージとして，「協働」が位置づけられている。とくに近年，教育や福祉の分野においては，ともに活動する人や組織が「協働」の関係に至るまでの成熟段階を，情報や資源，責任についてどこまで共有しているかによって4段階（networking → coordinating → cooperating → collaborating）に分けて捉えるモデルが開発され，アセスメントツールとしても活用されている[3]。

　この4段階に区分された典型的なモデルについて解説すると，最初のnetworkingは情報を積極的に交換しあうことで互いの状況や，日々の活動について理解しあえるようになった関係をさす。情報のやり取りをきっかけに好意的な交流が盛んになると，自分たちの活動に支障や無理がない範囲で，相手から

の協力の依頼に応え，ともに取り組む活動が始められる。これがcoordinating の段階である。ともに活動する成功経験が積みあがっていくと，互いに関心を もち合い，目標を共有できる活動については，ケースバイケースではなく，計 画的に実施できる体制づくりが求められるようになる。そのための組織や計画 （企画・実施・評価），予算，担当者が配置された段階が cooperating である。 そして，最終段階の collaborating に至ると，連携しあう活動の充実・改善だ けでなく，連携相手の充実や成長までも自らの責任としてかかわりあうことで， "欠くことのできない（codependence）"関係性へと成熟することとなる。そし て，第1段階から第4段階へと関係性が深まっていくことにより，両者の信頼 関係は深まっていくこととなる。

こうした先行研究を手がかりに，本書では，これまでインタビュー調査など で蓄積してきた地域と学校の連携活動の発展経緯に関する情報をあてはめ， 「協働」に至る地域と学校との連携活動の成熟を4段階に整理した。そのモデ ルを示したのが図0.1である。

第1段階を「情報共有の関係づくり」と名付けた。この段階は，自治会の回 覧板などで学校通信を配布したり，地域住民に学校行事への見学や参加を呼び

隔たり　　　　　　　　　　　　　　　　　　　　　　　　　　　　　　　信頼			
第1段階 networking	第2段階 coordinating	第3段階 cooperating	第4段階 collaborating
・情報を交換する	・情報を交換する ・ともに活動しやすいよう 　既存の活動を変更する	・情報を交換する ・同じビジョンにむかって 　活動を計画，実施する ・設備や人材，資金，技術を 　提供しあう	・情報を交換する ・同じビジョンにむかって 　活動を計画，実施する ・設備や人材，資金，技術を 　提供しあう ・連携相手の活動の充実の 　ために支援しあう
情報共有の関係づくり	依頼・協力の関係づくり	学校づくりと地域づくりの 組織化	学校づくりと地域づくりの 好循環
学校情報を地域や家庭に 積極的に伝える	地域と連携が必要な活動を教員 が地域・家庭に依頼し，地域住 民や保護者は可能な範囲でその 実施に協力する。	連携活動の充実・改善にむけた 方針や取り組みを，教職員・地 域住民・保護者が参加する校内 組織で協議し，活動に取り組む。	学校を含む連携活動に関わる 組織・グループどうしのプラット フォームを立ち上げ，互いの充 実・改善に向けて協議し，活動 に取り組む。

図0.1　地域と学校との連携活動における「協働」の成熟モデル

かけたりするようなかかわりをさす。つぎに，空き教室の地域利用や，顔見知りの地域住民に単発的な学校支援ボランティアを依頼する活動が始まった第2段階を，「依頼・協力の関係づくり」とした。ここまでの段階については，協働本部や学校運営協議会での取組を実施していない学校であっても，おそらく日本の多くの学校において到達している関係性ではないだろうか。

　第3段階では，こうした活動を継続的，安定的に取り組む協働本部や学校運営協議会のような事業や制度が導入されたりする段階であり，「学校づくりと地域づくりの組織化」と呼ぶこととした。ここでは，予算措置がなされて地域コーディネーター（地域学校協働活動推進員）や活動費が確保されたり，校務分掌が変更されて地域連携担当教職員などが配備されたり，地域と学校とで取り組む連携活動の方針や内容について協議する校内組織が配備されるなど，人，金，場所，時間などを共有しあえる組織的な関係が誕生することになる。

　こうした第3段階から第4段階へと転換するためには，地域住民が学校活動の充実・改善に貢献することと同時に，学校もまた，地域の充実・改善に貢献することに目を向けていかねばならない。学校が行う地域貢献といえば，児童・生徒による地域清掃や地域行事などでのボランティア活動が思い浮かぶ。しかし，そうした取組を増やすことが地域貢献ではない。多様で豊かな人的，物的資源をもつ地域は，変化の激しい社会で求められる資質・能力を育てる「社会に開かれた教育課程」を計画，実施，評価，改善していかねばならない学校にとって，"欠くことのできない"存在である。それと同時に，人と人とのつながりの希薄化や人口減少に悩む地域にとっても，安全に多くの人々が集まることができる施設・設備をもち，教職員や児童・生徒，保護者といった働き盛り，育ち盛りの人材が集まり，新たなアイデアや知恵，技を生み出す学習活動ができる学校は，地元の産業や伝統文化を守りながら豊かに暮らしつづけられる地域づくりに"欠くことのできない"存在なのである。こうした，教職員，保護者を含む地域住民，児童・生徒同士の「お互いさま」という互酬性に基づく連携活動によって生み出される人と人とのつながりや信頼は，ソーシャル・キャピタル（社会関係資本）と呼ばれるもので，これが豊かな地域ほど治

安や経済，教育，健康，幸福感などにポジティブな影響があることは，よく知られている[4]。本書では，学校という場や次世代育成というトピックを通じて地域全体の横のつながりを深めるこの第4段階を，「学校づくりと地域づくりの好循環」と名付けることとした。こうした地域と学校との連携活動における成熟モデルに基づきつつ，地域と学校との関係性を深めるための方法である地域学校協働について論じていく。

3　本書の構成

　ここで本書の構成の概要についてふれておこう。第1章「地域学校協働に向けた政策展開」では，2000年前後からの地域学校協働をめぐる教育政策の流れを紐解きながら，地域の教育力の向上という社会教育の取組と，信頼される学校づくりをめざした学校運営改善という学校教育の取組とを一体的に推進していくうえでの課題について，整理を行っている。

　もちろん，学校教育と社会教育の相互の連携については，それよりもはるか以前，戦後間もない時期から互いの施設の利活用などが法律上にも定められていたし[5]，とくに1970年代以降からは生涯教育論の受容に伴い，「家庭教育，学校教育，社会教育の三者を有機的に統合する」[6]ことが社会教育審議会で，生涯学習審議会[7]においても学社連携・学社融合の名のもと社会教育政策を中心に進められてきた経緯がある。ただし，本書で着目している地域学校協働への直接的なきっかけは，先に指摘した教育基本法の改正であり，それらの追い風となったのは2002年度からの学校週5日制の完全実施や，生きる力の育成をめざした「総合的な学習の時間」の導入などの学校教育制度改革にある。よって本書では，2000年前後の教育政策から地域学校協働の政策を取り上げることとした。

　第2章「連携を推進する組織への着目」では，本研究グループの初期（2013年4月まで）のあゆみに沿って，研究の着眼点と基本的な考え方の詳細を述べている。2008年度から導入された「学校支援地域本部」（以下，地域本部）の

枠組みを考察すると，その理念を実現させる鍵が大人の学びにあることが見い
だせる。そのことをふまえて，地域本部の施策が実施されていた当時に本研究
グループが行った調査を引用しながら，地域本部と CS の両輪による推進体制
のもつ原理的な優位性を確認している。

　第 3 章「地域学校協働の理念とデザイン」では，2015 年 12 月中央教育審議
会答申「新しい時代の教育や地方創生の実現に向けた学校と地域の連携・協働
の在り方と今後の推進方策について」（以下，協働答申）を取り上げながら，そ
こに込められている地域学校協働の理念について解説を行う。さらに，同答申
を受けて翌年に改正された社会教育法や，「地方教育行政の組織及び運営に関
する法律」（以下，地教行法）の改正ポイントとそれによって生じている新たな
課題について問うている。

　第 4 章「地域学校協働システムの構築に向けて」では，2013 年と 2017 年に
実施した協働本部と CS との連携に関する全国アンケート調査の結果の経年変
化に着目しながら，協働答申で示された「学校を核とした地域づくり」と「地
域とともにある学校づくり」との一体的な推進によって，現時点で，地域学校
協働の取組にどのような変化や効果があらわれているかについて，分析する。
その結果をふまえつつ，協働本部と CS が地域学校協働を推進する両輪として
機能するための要件について論じていく。

　第 5 章「地域学校協働のマネジメント I」では，ここまでの考察をふまえて
理想的な「地域学校協働システム」を描くとともに，学習する主体を組織とす
る「組織学習論」を手がかりに，とくに「低次学習」と「高次学習」の 2 つの
学習レベルに注目して，地域学校協働におけるマネジメントの必要性を指摘す
る。

　第 6 章「地域学校協働のマネジメント II」では，マネジメントの代表的な考
え方・手法である PDCA サイクル，なかでもマネジメントの Will（価値・ビ
ジョン）を重視する RV・PDCA サイクルに即して，地域学校協働のマネジメ
ントのあり方を考察している。

　終章「大人と子どもの学びあい・育ちあいをめざして」では，学びあいや育

ちあいを支える理論的な基盤となる「世代性（generativity：ジェネラティヴィティ）」の概念をおさえるとともに，学びを通して大人と子どもが互いに高めあう関係づくりとその支援のあり方についてまとめている。

　なお，本研究グループは，およそ 10 年間にわたり，科学研究費の助成を受けながら，地域本部や協働本部，学校運営協議会などの取組に直接かかわっていた学校教職員や社会教育関係職員，地域住民といった多くの皆様の調査協力を受け，貴重なデータを蓄積しつづけてきた。改めてご協力いただいた皆様に深謝の意をお伝えしたい。なお一連の研究は，JSPS 科研費（22530862）（24531043）（15K04297）（16K04585）（17K04636）（18K02280）（20K02475）の助成を受けたものである。

【志々田まなみ】

注
1 ）本書第 1 章参照。
2 ）Barnard, C. I., *The Functions of the Executive*, Harvard University Press,1938.
3 ）たとえば，初等中等教育機関と NPO らとの連携モデルとして，Points of Light Foundation, *Building Effective Partnerships in Service-Learning*, 2002.や，高等教育機関と地域との連携モデルでは，Bergstrom, A. and twelve others, *Collaboration Framework*：*Addressing community capacity*, National Network for Collaboration, 1995.などがある。
4 ）内閣府国民生活局市民活動促進課（2002）『平成 14 年度　ソーシャル・キャピタル：豊かな人間関係と市民活動の好循環を求めて』株式会社日本総合研究所，p.1-11。
5 ）学校教育法第 137 条，社会教育法第 43〜48 条。
6 ）社会教育審議会答申（1971）「急激な社会構造の変化に対処する社会教育のあり方について」。
7 ）生涯学習審議会答申（1996）「地域における生涯学習機会の充実方策について」。

第1章
地域学校協働に向けた政策展開
～2つの潮流～

| 1 | 教育基本法の改正と「教育支援活動を推進する潮流」 |

地域学校協働は，"学校教育と社会教育""学校での学びと地域社会での学び""子どもの学びと大人の学び"といったこれまで別個に捉えてきた学びを有機的につなぎ合わせることで，双方の充実・改善を図る方法だと言い換えることもできるだろう。こうした近接する領域が連携する重要性については，序章で示したように2000年代よりもずっと以前から指摘されてきたことではあるが，各種の法律改正を伴う教育改革の柱として大きく展開したのは，2000年前後のことである。

その大きなターニングポイントが，2006年に改正された教育基本法第13条「学校，家庭及び地域住民等その他の関係者は，教育におけるそれぞれの役割と責任を自覚するとともに，相互の連携及び協力に努めるものとする」の新設である。学校・家庭・地域の連携を進める法的根拠を得たことによって，2008年には，学校教育と社会教育の関係づくりという観点から社会教育法の改正も行われ（同法第5条の第13・15号，第9条の3第2項），国および地方公共団体が社会教育に関する任務を行うにあたっての配慮事項として，社会教育が「学校，家庭及び地域住民その他の関係者相互間の連携及び協力の促進に資することとなるよう努める」ことが加えられた。具体的には，児童・生徒に対して学校の授業の終了後または休業日において学校，社会教育施設等を利用した活動と，社会教育の学習成果を学校や社会教育施設等において活用することを奨励する活動であり，そのほかの社会教育活動と同様に，社会教育主事が専門的，技術的な助言を与えることができることが定められることとなった。

これらの規定をふまえ，学校・家庭・地域の連携のためのさまざまな具体的仕組みを構築し，社会全体の教育力を向上させるための施策が，展開されていくこととなる。そうした社会教育と学校教育との連携を進める2000年代の政策展開は，「教育支援活動を推進する潮流」と「学校運営への参画を推進する潮流」の大きく2つに分けることができる[1]。

2　放課後子供教室の設置と普及

　まずは，「教育支援活動を推進する潮流」からみていこう。この流れの起点となるのは，教育基本法改正の翌年（2007年）から始まった「放課後子供教室推進事業」である。その趣旨は，すべての子どもたちを対象に，放課後や週末などに安心・安全な活動拠点（居場所）を設けるため，地域住民の参画を得て，小学校の余裕教室などを活用して，学習やスポーツ・文化芸術活動・体験活動，交流活動などの機会を提供することにあった。

　この放課後子供教室は，2002年より学校週5日制が完全実施されたことに伴い，親の就労状態によって放課後児童クラブ（学童保育）に登録できない児童への緊急対策事業として，2004年から3年間の委託事業（文科省が必要経費の全額を負担する事業）として始まった「地域子ども教室」が前身となる。委託事業としての最終年度（2006年度）の調査[2]によると，6328教室において302万人もの地域住民が，地域の子どもたちの教育支援に参加するほどに広がりをみることとなる。こうした地域住民の支援活動の盛り上がりに，教育基本法の改正が加わり，2007年からは全国に普及，定着をめざし，補助事業（国，都道府県，市町村が経費を分担）[3]として継続され，今日に至っている。2018年11月時点の文科省のデータによれば，全国に1万8794教室が開かれており，そのうち74.8％の教室が小学校内に設置されている[4]。こうした数字をみても，この事業をきっかけに，どれほど多くの地域の大人が子どもへの教育支援に，しかも学校という場においてたずさわるようになったのか，理解することができるだろう。

なお，文科省による「放課後子供教室推進事業」は，2007年度より厚生労働省の「放課後児童健全育成事業」との共同による「放課後子どもプラン」のなかで，放課後児童クラブ（学童保育）と連携しながら推進されることとなった。2014年からは，両事業の一体化を図る「放課後子ども総合プラン」[5]に基づき，関係府省が連携した総合的な放課後対策として取り組まれつづけている。

3	地域本部の設置と普及

　放課後子供教室に続き2008年度からは，地域本部事業が委託事業（2010年まで）として開始された。第2章で詳しく解説するが，その設置にあたっては，この事業が教育基本法第13条を具現化する方策であることや，学校・家庭・地域が一体となって地域ぐるみで子どもを育てる体制づくりを目的とした事業であることが明示され，組織的な取組としての教育支援活動の拡充が強く意識されていた。

　しかし設置当初から，地域本部は，地域につくられた「学校の応援団」ととらえられたように，環境整備や活動の補助によって学校教育の充実を図る学校支援の活動に注目が集まる傾向が強かった。とはいえ，それらを推進するにあたっては，地域コーディネーターを配置し，地域ボランティアと教職員，あるいは地域ボランティア同士の調整を行う機能を重視した方法がとられていた点を見逃してはいけない。すなわち，地域ぐるみの子育てを担い合う地域住民，教職員，保護者，地域団体らの相互理解を促進したり，地域住民の学習経験や生活経験，職業経験などで培った専門的な知識やさまざまなスキルといった生涯学習成果を子どもたちの学びの場に活用したりすることで，大人同士，あるいは大人と子どもとが学びあう場をコーディネートする機能の強化が図られたのである。また，基本構想では，地域本部内に「地域教育協議会」という呼称の協議体を設置し，学校関係者と，教育支援にかかわる地域住民との間で，子どもの育ちを考えあう「熟議」が重視されてもいた。この熟議を通じ，学校を含む地域全体での「目指す子ども像」を練り，ビジョンを共有しあうことで，

相互に教育力の向上を図ることが期待されたのである。このように、学校教育の充実だけでなく、生涯学習活動の推進、地域の教育力向上という3つのねらいを達成するための組織が、地域本部であった。

この事業は、その後2011年度からは、図1.1のように、「放課後子ども教室事業」や、身近な地域の保護者や子育て経験者同士をつなぎ、子育ての悩みや不安を解消する「家庭教育支援事業」の取組（2000年より）[6]と有機的に組み合わせた「学校・家庭・地域の連携による教育支援活動促進事業」という補助事業（国、都道府県、市町村が経費を分担）の一環として実施されるようになった。つまり、地域本部、放課後子供教室、家庭教育支援が補助事業のもとに合流し、「教育支援活動を推進する潮流」を形成していったのである。その後、2014年から開始した企業・団体・大学らの協力による土曜日や長期休業期間中の特色ある教育活動の推進や、それらを正規教育課程の授業として認めてい

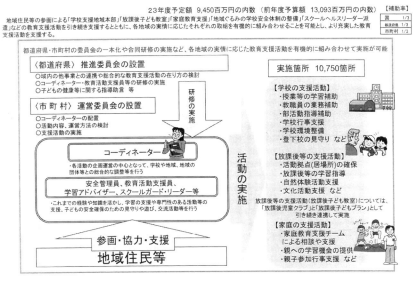

地域社会全体で様々な教育支援活動を実施し、地域の教育力の向上を図る

図1.1　学校・家庭・地域の連携による教育支援活動促進事業

出所：文科省生涯学習政策局社会教育課 https：//www.mext.go.jp/a_menu/01_l/08052911/004/__icsFiles/afieldfile/2011/01/18/1234373_01_1.pdf

く「土曜日の教育活動推進プロジェクト」の取組，2015年からの学習が遅れがちな中学生・高校生らを対象とした無料の学習支援活動である「地域未来塾」といった取組も，この流れに連なるものといえるだろう。

　地域本部は，2016年度時点で4527本部，公立の全小中学校，義務教育学校の約3割（32.6%）[7]をカバーするまで増加し，「教育支援活動を推進する潮流」の中核を担ってきた。しかし，先にも指摘したが，地域本部の発展にからんで，「学校支援」という表現が用いられるようになってきた点には注意が必要である。もともとこの潮流がめざす社会全体で向上させていこうとしていた「教育力」とは，なにも学校教育に限ったものではない。放課後子供教室などにみられるような地域の大人が地域の子どもの成長を支えようとする教育力や，家庭教育支援事業などのような子育てをする保護者を地域で支えあおうとする教育力も含まれている。こうした次世代を教育する主体としての地域住民や保護者をエンパワーメントするという視点が弱いために，あたかも「学校」教育支援活動を推進する潮流といった誤解が生じはじめたことは否めない。

4 「学校運営への参画を推進する潮流」とCS

　もう1つの潮流は，保護者や地域住民等の関係者に学校運営への参画を推進する政策の流れである。2000年代の動きとしては学校評議員制度（2000年より）が発端となるが，そもそもは1980年代半ばの臨時教育審議会で議論された「開かれた学校」にまでさかのぼる。この時期，子どもの非行，校内暴力，いじめ，不登校といった教育現場の荒廃の背景には，学校の管理，運営をめぐる閉鎖的な体質があると指摘されるようになる。そうした「閉じられた」学校を改善する方策として，「学校は教育方針等について，保護者に積極的に説明するなど十分な情報の提供を行い，また，保護者や地域住民の意見を学校運営に活かすように努めるなど保護者や地域住民に対してより開かれた学校経営を心掛けなければならない」ことが，臨時教育審議会第三次答申においても示されると，公立学校の運営に保護者や地域住民が参画する仕組みづくりへの期待

が高まっていった。

　それを初めて制度化したものが，先ほどあげた学校評議員制度である。これは，校長の求めに応じ学校運営に関し，保護者や地域住民等の意向を把握し反映することができる仕組みで，1998年9月の中央教育審議会答申「今後の地方教育行政の在り方について」での提言をきっかけとして設けられた制度である。こうした仕組みが，わが国で初めて制度的に位置づけられたという意味では評価できるものの，あくまで校長の求めに応じて校長から推薦された委員が学校運営に関する意見を述べることにとどまっているなど，当時からその形骸化を指摘する声も多かった。

　それに対し，保護者や地域住民が一定の権限と責任をもって学校運営に参画し，家庭や地域のニーズを学校運営により的確に反映させる仕組みとして，2004年に学校運営協議会制度が導入される（図1.2）。これは，2000年に取りまとめられた「教育改革国民会議報告—教育を変える17の提案—」での，地域の信頼に応える学校づくりを進めるための「新しいタイプの学校（コミュニティ・スクールなど）」として提案されたものである。行政委嘱委員という一個

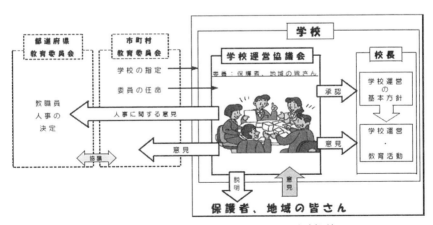

図1.2　コミュニティ・スクールのイメージ（当時）

出所：文科省初等中等教育局参事官付『コミュニティ・スクール（学校運営協議会制度）について』2005年，https://www.mext.go.jp/a_menu/shotou/community/suishin/detail/1312788.htm

人で学校運営に意見を述べていた学校評議員と違い，学校運営協議会は合議制の機関であり，その構成員も非常勤の特別職地方公務員として位置づけられる。

　さらに，学校運営協議会には，① 校長が作成する学校運営の基本方針を承認する，② 学校運営に関して教育委員会や校長に意見をする，③ 教職員の任用に関して教育委員会に意見をするという権限が，地教行法によって認められている。

　ここで気づいてほしいのは，「教育支援活動を推進する潮流」が，主に社会教育から，つまり地域という学校の外側からのアプローチであったのに対して，CS に代表される「学校運営への参画を推進する潮流」は，保護者や地域住民の学校運営への参画を求めることによって学校を内側から開いて，その変革を促そうとする点である。この動きは，2007 年に，学校評価が学校の責務として学校教育法および学校教育法施行規則に位置づけられ[8]，学校関係者評価の実施が努力義務となったことにも後押しされ，学校自体のあり方を問い直すことにつながっていく。

　それまでの「開かれた学校」という学校の姿を問い直した表現が，「地域とともにある学校」である。そのビジョンが示されたのが，学校運営の改善の在り方等に関する調査研究協力者会議によって 2011 年に提言された「子どもの豊かな学びを創造し，地域の絆をつなぐ～地域とともにある学校づくりの推進方策～」である。「東日本大震災の発生とその後の復旧に向けた営みは，本会議の議論にも大きな衝撃を与え，教育論からの学校と地域の連携にとどまらない『学校と地域の関係』が問われているのだとの認識を共有することとなった」と記されているように，被災地において多くの学校が避難所としての役割を果たした経験から，「これまでの教育改革の文脈では十分に位置づけられてこなかった，『子どもの学びの場』にとどまらない学校の側面」にクローズアップされた。

　「学校と地域との関係は，子どもを中心に据えて，家庭と合わせて三位一体の体制を構築し，子どもの成長とともに，教職員や保護者，地域住民等がともに学びあいながら人間的な成長を遂げていく姿」が理想として描かれ，「大人

たち（教職員，保護者，地域住民）の学びの拠点」や，学校の課題にとどまらない地域の課題をも解決しようとする「地域づくりの核」といった学校のあり方が提言されている。さらには，そうした学校運営を実現するには，学校関係者の間で目標を共有し，当事者意識をもって「熟議」を重ねながら「協働」することが不可欠であり，そのために CS をはじめとした学校運営への参画をより一層推進せねばならないことも指摘された。このような社会の意識の変化をふまえながら「地域とともにある学校」の姿を探求していく過程において，地域と学校の「協働」に向けた気運が醸成されていったという点は，地域学校協働を理解するうえで重要な意味をもつといえよう。

　もう１つ，同報告には注目すべき点がある。それは，「子どもの『生きる力』は，多様な人々と関わり，さまざまな経験を重ねていく中でよりはぐくまれるものであり，学校のみではぐくめるものではない」ことが提案されたことである。つまり，学校教育の本丸ともいえる教育課程そのものの質を高めていく方途としても，地域との連携が不可欠であることが示された。一般に，海外の学校教育と比較した日本の特徴として，学習指導だけでなく，生徒指導，部活動指導等を一体的に行う全人的な教育を営んでいることが指摘され，国内外で高く評価されることが多い[9]。しかしそのことが，子ども期の教育機会を学校内，教室内に限定し，教職員のみで完結しようとする学校文化を生んできたともいえる。「子どもたちの豊かな育ちを確保するために，すべての学校が，地域の人々と目標（『子ども像』）を共有した上で，地域と一体となって子どもたちをはぐくむ『地域とともにある学校』となることを目指すべき」ことが，ここで提起されたことは大きい。

　さらに 2013 年に日本が初めて参加した OECD 国際教員指導環境調査（TALIS）[10] の結果，日本の教員の１週間当たりの勤務時間は参加国中最長であり，かつ参加国平均を 15 時間近くも上回っているといった実態が明るみになると，全人的な教育を担い続けようとする日本の学校が，教職員の過大な業務負担の上にかろうじて成り立ってきたことへの社会的な問題意識が高まっていくことにもなる。この次の展開として，「学校運営への参画を推進する潮流」

は，未来の子どもたちに必要な教育そのものの質的改善や，教職員の働き方改革といった，学校組織がかかえる課題への解決という文脈も巻き込みながらつながっていくこととなるが，それについては第3章で詳しく述べることとする。

【志々田まなみ・熊谷愼之輔】

注
1）2つの潮流については，仲田康一（2019）「学校と外部環境―学校と地域の連携―」青木栄一編『教育制度を支える教育行政』ミネルヴァ書房，p.105-116. から示唆を得た。なお，ここでは「学校運営に保護者や地域住民などの関係者の参加を可能にする」政策と「学校支援ボランティアを促進するための」政策に大別している。
2）文科省大臣官房政策課評価室「3．各事業の評価：（c）放課後子ども教室推進事業」『重要対象分野に関する評価書―少子化社会対策に関連する子育て支援サービス―』https：//www.mext.go.jp/a_menu/hyouka/kekka/08100102/011.htm（2020年10月20日最終閲覧）。
3）政令市，特別区については，国3分の1，当該自治体3分の2の補助率となる。
4）残りは，中学校や公民館等社会教育施設。
文科省総合政策局地域学習推進課地域学校協働活動推進室「放課後子供教室の概要」https：//manabi-mirai.mext.go.jp/torikumi/houkago_kodomo.pdf（2020年10月20日最終閲覧）。
5）2018年からは「新・放課後子ども総合プラン」となっている。
6）志々田まなみ・天野かおり・熊谷愼之輔・佐々木保孝（2018）「学校・家庭・地域の連携協働による家庭教育支援体制の課題について」『日本生涯教育学会論集』39，p.26。
7）文科省総合政策局地域学習推進課地域学校協働活動推進室「地域学校協働活動推進事業」実施状況，「学校運営協議会」設置状況，https：//manabi-mirai.mext.go.jp/torikumi/chiiki-gakko/R1jissijyoukyou.pdf（2020年10月20日最終閲覧）。
8）学校教育法第42条および学校教育法施行規則第66条，67条，68条において規定。
9）文科省生涯学習政策局政策課教育改革推進室（2016）『平成28年度　教育改革の総合的推進に関する調査研究～国際的な視点から見た日本の教育に関する調査研究～（調査報告書）』ベネッセコーポレーション，p.4。
10）国立教育政策研究所（2014）『教員環境の国際比較（OECD国際教員指導環境調査（TALIS）2013年調査結果報告書）』明石書店。直近の「通常の1週間」における仕事時間の合計（平均値）は，日本53.9時間，参加34カ国38.3時間であった。

第2章
連携を推進する組織への着目
～2つの潮流における大人の学びの重要性～

　序章で述べたように，ここでは，地域本部の施策が展開した2010年代前半ごろまでを念頭に，当時の本研究グループの調査を振り返りながら記述していきたい。というのは，地域と学校の連携・協働に関する本書のスタンスはおよそこの時期の研究に着想を得たもので，本研究グループの問題意識の足跡を紹介することは，本書を理解する一助となると思われるからである。

1	研究関心の高まり

　先にみたように，2005年の放課後子供教室，2008年の地域本部の始まりと，2000年代は学校にまつわる教育支援活動の施策が社会教育のサイドからも始まった時期と特徴づけられよう。これらの施策は，地域住民が直接的に学校のなかに入って活動する道を開いたという意味では，それまでの学社連携・融合の取組よりも踏み込んだものであった[1]。とくに地域本部は，放課後子供教室の活動場所が学校の敷地内であっても教育課程外の守備範囲であったのに対し，学校の日常的な営みを支える活動にまで踏み込んでいるという意味で，やはり，学校・家庭・地域の連携・協働を考えるうえでは画期となる事象と位置づけられる。本研究グループのバックグラウンドは生涯学習論・社会教育学であるから，こうした地域本部の施策にあった背景が一連の研究を始める動機となった。

　地域本部の導入にあたってのコンセプトを検討するのに適した資料として，2008（平成20）年7月1日付で「文部科学省　学校支援地域活性化推進委員会」名で提示された『みんなで支える学校　みんなで育てる子ども～「学校支援地域本部事業」のスタートに当たって～』という当時作成されたリーフレッ

トがある（以下，スタート文書）。そこでは，施策のねらい[2]について，当時，改正されたばかりの教育基本法第13条「学校，家庭及び地域住民等の相互の連携協力」を根拠として「学校・家庭・地域が一体となって地域ぐるみで子どもを育てる体制を整える」ことをうたっている。さらに，「1）教員や地域の大人が子どもと向き合う時間が増えるなど，学校や地域の教育活動のさらなる充実が図られるとともに，2）地域住民が自らの学習成果を生かす場が広がり，3）地域の教育力が向上する」と，当施策への期待が述べられている。子どもをめぐる教育課題の解決に向けて地域の大人を当事者として巻き込んでいくためにはどうすればよいのかという問題意識が垣間見えるが，学校支援ボランティアに参加する大人自身にとっての意味を掲げて，生涯学習振興施策としての性格をもたせている。加えて「地域の教育力」である。この言葉について同文書では「地域住民が，子どもの健全育成のため，例えば，人を思いやること，自然やものを大切にすること，社会のルールを守ることなどについて，子どもたちに対し，その発達段階に応じて適切な働きかけを行う力」としていて，他所の家の子ではなく"自分の地域の子"という意識の転換を住民に求めていこうとしていることがわかるが，それによって，地域の人々の集団としての連帯感といういわばソーシャル・キャピタルの再構成につなげることを企図したわけである。この点について，スタート文書には「地域の教育力が向上し，これにより地域の絆が強まり，地域社会が活性化されることを期待します」と平易な表現で書かれている。こうした視点は，言い換えれば，社会教育に期待される役割とやはり通じるところがある。

　とはいえ，国の補助事業であった3年の期間であればまだしも，財政事情も厳しい地方自治体が予算措置をする委託事業に切り替わる際に，どれほどの自治体が地域本部を続けるというのか。この問題意識が本研究グループの最初の全国調査につながった。2010年度の末に，各都道府県・政令指定都市の教育委員会（56件）などの地域本部事業担当者に対して行ったアンケート調査（調査票配布数59，回答数55，回収率93.2%）において，当時把握できた2124カ所の地域本部のうち，1842カ所，率にして86.7%が何らかの形で継続すると回

答していたのである[3]。このことから，地方においてもそれなりに効果を感じていて，今後も発展的に継続されていく施策として位置づけられていると分析し，引き続き地域本部の成果と課題を検討していくこととなった。

2 地域本部に対する問題意識

初期の補助事業のころの地域本部にはどのような課題があったのだろうか。今から思えばスタート文書の冒頭がそれを象徴しているようにも感じられる。以下のような文言である[4]。

> 学校支援地域本部は，学校の教育活動を支援するため，地域住民の学校支援ボランティアなどへの参加をコーディネートするもので，いわば"地域につくられた学校の応援団"と言えます。
> これまでも各学校，各地域で，地域の方々に様々な形でご協力をいただきながら学校運営や教育活動を行う取り組みが進んできていますが，学校支援地域本部は，そうした取り組みの延長線上にあると言えます。すなわち，地域住民が学校を支援する，これまでの取り組みをさらに発展させて組織的なものとし，学校の求めと地域の力をマッチングして，より効果的な学校支援を行い，教育の充実を図ろうとするものです。

第1章でもふれたが，「学校の応援団」という言葉を本研究グループはどちらかというと批判的に受け止めている。ただし，誤解のないように申し添えておけば，日々の学校の営みを支える活動に地域住民が参加することの価値を否定しているのでは決してない。たとえば，補助事業が終了する当時，その成果を検証すべく実施された文科省の委託調査『「学校支援地域本部事業」実態調査研究』（2010年2月）によれば，「学習支援」を実施している学校が79.7％，「読み聞かせ・読書活動支援・図書室整備」66.8％，「部活動指導」34.2％，「校内環境整備」72.9％，「子どもの安全確保」69.7％，「学校行事等の運営支援」64.3％，「その他」14.9％となっている[5]。学校支援の活動としては，現在でも主要といってよい種類が出そろっているし，実施率もかなり高いといえるだろう。これはスタート文書のなかにある「学校の求めと地域の力をマッチ

ング」という方針が功を奏して成果となって表れたものとみることができる。しかしあくまでも「学校の求め」に応じた住民の学校運営補助活動であり，地域の側の教育的な意図は反映されていない。それは，ボランティアに参加する住民に積極性や主体性がないという意味ではなく（その度合いは現場によって違うであろうし，また別の次元の問題である），たとえば「目指す子ども像」を考える場に参画するといったように，教育支援の方向性を熟議する場に地域住民がいるという姿をまだ十分に想定しきれていなかったのではないかということである。

　もう少し問題を検討してみよう。図2.1は，スタート文書に「学校支援地域本部の概要」として掲載されていたものである[6]。これをみると，学校支援を行うボランティアを調整する「地域コーディネーター」と「学校やPTA，コーディネーターやボランティア代表をはじめ，公民館等の社会教育関係者，自治会や商工会議所等地域の関係者など」がメンバーとして想定された「地域教育協議会」がおかれている。「審議機能をもつ協議会」−「地域コーディネーター」−「実働のボランティア」という構造になっている。

　「地域コーディネーター」については，スタート文書の本文に，「学校支援ボランティアに実際に活動を行ってもらうなど，学校とボランティア，あるいはボランティア間の連絡調整などを行い，学校支援地域本部の実質的な運営を担うもので，学校支援地域本部の中核的役割を担い，その成果を左右する重要な存在です」と記載されている。地域本部が打ち出される前は，学校支援ボランティアを学校のニーズにあった形で供給できるようにすることが課題であり，それを仕組み化した地域本部の「地域コーディネーター」は目玉であった。よって，補助事業が終了するタイミングで刊行された先述の文科省委託の実態調査でも，アンケートが「学校」「市区町村教育委員会」に加えて「コーディネーター」を対象に実施されている[7]。成果を検証しようとするのは注目度の高さのあらわれでもある。

　地域コーディネーターに注目が集まったからという因果関係があるかどうかはわからないが，対する「地域教育協議会」の扱いは，上記の調査においても

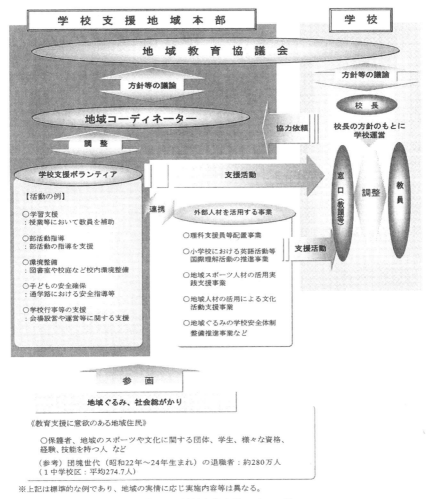

※上記は標準的な例であり、地域の実情に応じ実施内容等は異なる。

図2.1　地域本部事業のイメージ

出所：スタート文書

非常に小さい。たとえば，教育委員会や学校への調査において，「地域本部の立ち上げのために必要なこと」を尋ねた質問では，「熱心なコーディネーターがいること」という選択肢が複数回答のなかで半数近い割合を示しており[8]，強く意識されているのに対して，「地域教育協議会」はその選択肢にも入って

いない。さらに，そもそもでいえば地域教育協議会を対象にしたアンケートがなされていないのである。

　地域教育協議会については，スタート文書のなかで「学校支援地域本部において どのような支援を行っていくかといった方針などについて企画，立案を行う委員会です」とあるが，学校の求めに応じた活動を考えるだけであれば，力のあるコーディネーターなら個人で素早く実行に動けるというケースも多かったかもしれない。文科省の委託調査においても，「コーディネーター」を対象にした調査において，コーディネーターが「活動のなかで主に相談する相手」という質問で，選択肢の「地域教育協議会の場で」を選んだ割合は全体の11.1％にすぎなかった[9]。やはり，地域本部を「学校応援団」として学校運営の補助的支援を考えるものと位置づけてしまえば，地域教育協議会は実態上それほど必要ではなくなるかもしれないし，その認識が広まれば，形骸化していく。換言すれば，地域本部の目的が特化されてしまうと，仕組み（体制）とのズレが生じるわけである。初期の地域本部はコーディネーターの設置が進むことで学校のニーズとのマッチングが進むという成果をあげながらも，むしろ成果が上がったからこそ生じる問題を内包していたといえよう。

3　「学習する組織」論の視点

　学校の求めに応じて地域住民がボランティアとして学校のお手伝いをするということは，うがった見方をすれば，住民の労力を無償で学校に提供するだけであるから，ボランティアの数もいずれは頭打ちとなろう。やはり，そうした学校支援ボランティアが盛んに活動する学校が地域づくり（地域再生）の核になっていくよう，学校から地域へ効果が向かうベクトルが強化されなければならない。地域本部でいえばその目的について，寄せられていた3つの期待に立ち返って，学校支援，住民の生涯学習の成果を活かす場，地域教育力とこの3つすべての充実をめざすものとして改めて確認することがまず大事になる。

　ただ，学校を支援することが学校や子どものためになるだけではなく，地域

やそこに住む大人たちにとっても意味をもつものであるという社会的認識が広がるには，多くの人々の意識の変容を必要とする。つまり，鍵は大人の学びにあるのだ。世の中の大人の学びについては，いろいろな局面とそれを支える多様な考え方があるが，地域本部の課題を考えるために本研究グループが手がかりにしたのがセンゲ（Senge, P.）の「学習する組織（learning organization）」論であった。もともとは経営学で生まれた考え方であったが，教育学，とくに生涯学習や成人教育の分野でも応用されるようになっている[10]。

　センゲのいう「学習する組織」には，5つの要素（センゲは「discipline」と呼んでいる）が不可欠とされている。具体的には，「自己マスタリー（personal mastery）」「メンタル・モデル（metal models）の克服」「共有ビジョン（shared vision）の構築」「チーム学習（team learning）」「システム思考（system thinking）」である。最初の「自己マスタリー」は個人の学習と成長を強調する。自分にとって必要なことを達成するための自己変革も必要だ。しかし，そこで壁になるのは自己の思い込みや先入観として学習を阻害している固定的なメンタル・モデルで，その克服が必要となってくる。そして，ここからが集団学習の局面にいき，組織体でビジョンを共有してチーム学習にはいる。こうした局面を経て「学習する組織」は「システム思考」をもつに至る。これはあらゆる物事・事象を部分としてではなく，全体として理解する考え方である。

　5つの要素のそれぞれには近い考え方も多くあると思うが，これらを1つの学習論として構造化し，その流れと最終的に何が得られるのかということをわかりやすく提示しているのがセンゲの「学習する組織」論であった。これは，地域本部のこれからを考えるうえでは役立つことが多かった。理論上で考えてみれば，地域本部の活性化に向けては以下のような見取り図が描けるからである。

　地域本部にかかわる人たちは自己学習をベースとしながら，「学校支援ボランティアは学校のお手伝い」であるという先入観を克服する。そうして，組織として動く「地域教育協議会」において，たとえば，「目指す子ども像」や学校像，あるいは地域像といったことを共有し，必要な事柄についてチーム学習

を進めていく。ここまでの流れで，地域本部の3つのねらいを関係者が強く意識しつつ，初期のころにはいまひとつ機能しきれていなかった地域教育協議会を活性化させる方向性がみえてくることとなる。

　そして，地域教育協議会が「システム思考」を得て，学校と地域という全体を俯瞰し，地域から学校へ，そして，学校から地域へという両者のベクトルを活性化させるための方策を考えることこそ最も大事な点である。この地域教育協議会の新たな機能は，地域と学校をつなぐための連携推進母体の機能と考えられるであろう。「連携推進母体」という捉え方をすることで，地域教育協議会を地域本部の3つのねらいを一体的に達成するためには欠かせない仕組みとして位置づけなおすことができるのである。

4　「CS＋地域本部」の想定から生まれる問い

　地域本部を改善するのに，地域教育協議会を「学習する組織」化するという方向性がみえてきたわけであるが，本研究グループは地域本部の実践のフィールド自体をもち合わせてはいない。そこで現実に目を向ければ，地域教育協議会のメンバーを集めて設置する段階から苦労していたり，現状の協議会を「学習する組織」とするにはドラスティックで時期尚早であったりするケースもある。といって，既設の地域教育協議会のほかに新たな協議会をつくるよう求めるのも屋上屋を重ねるようなものであろう。全国には地域や学校の実情に応じたいろいろな実施形態がある。そのこと自体，文科省も否定するものではなく，おおよそ，地域と学校の連携・協働に関する施策が出されるときは，現場の背景にそって柔軟に運用するよう但し書きがあるのが普通である。本研究グループとしても地域と学校をつなぐ審議機能をもつ連携推進母体の存在というコンセプトはもちつつ，そうした方向で成果を出している全国の実践を知るためのインタビュー調査であるとか，全国的な傾向をつかむためのアンケート調査に，2012年ごろから力を入れるようになった。

　その際に注目したのが本書のキーワードともなっているCSである。第1章

でも確認したように，教職員（校長や教頭が入るケースも多い）と地域住民などで構成される学校運営協議会は，地教行法に設置根拠をもつ。2012年当時はまだ設置に関する努力義務規定はなかったが，それでも，法律による制度的な基盤をもつ学校運営協議会は学校に常設されるわけであり，審議体としては安定した組織になるのではないかという見立てであった。また，学校運営協議会が審議するのは学校運営の基本方針などの学校ガバナンスにかかわる事項になるわけであるが，CSの指定が早かった事例では，長期的には「地域の教育力が向上した」「地域が活性化した」「保護者や地域からの苦情が減った」という地域連携の成果があがってきつつあることがCS研究会による成果検証の報告書でも指摘されていた[11]。

　もちろん，CSとして学校運営協議会だけが存在している学校を取材しても本研究としては意味がない。審議した方針が地域住民のボランティア活動といかに結びついているのかが肝心である。それに，本研究グループの関心の始まりは地域本部であったわけであるから，それならば，実働のボランティアが事業の枠組みに入っている「地域本部」を採用しているCSに着目することとなった。つまり，1つの学校に2つの仕組みが存在している状況で連携推進母体がどのような形で根付いているのかという問いとなる。2つの仕組みを合わせるということは，素直に考えれば，審議体として学校運営協議会と地域教育協議会の両方があることになるが，これらはどのように併存しているのか。また，地域本部の枠組みにある地域コーディネーターや学校支援ボランティアは学校運営協議会とはどのような関係になるのか。こうした点を具体的に洗い出してみる必要があったわけである。

| 5 | 2012年7月から2013年4月にかけての訪問調査 |

　「地域本部の枠組みを採用しているCS」とは，どのような様態をイメージすればよいのか。その輪郭を描くために，本研究グループとしてもまずは，地域連携としての活動実績が豊富ないわゆる「先進事例」とされる学校現場を訪ね

て，関係者に話をうかがってみることとした。量的調査をかけられるほど当時はまだ「CS＋地域本部」の基本型が明らかでなかったため，直接話をしながら，わからない面が多い実態を私たちなりにつかもうとしたわけである。

　事例を選定するうえで参考にしたのは，文科省による「優れた『地域による学校支援活動』推進にかかる文部科学大臣表彰について」の平成23・24年度の表彰対象活動の一覧である[12]。ここでは文字どおり「優れた」「地域による学校支援活動」として都道府県・指定都市・中核市教育委員会などから推薦のあった活動について，有識者が審査上で選定した事例が120程度ずつ列挙されていた。対象の一覧表はウェブサイトで閲覧が可能で，それぞれの事例に地域本部における活動，放課後子供教室における活動，CSでの教育方針に基づいた活動のそれぞれを実施しているかが事例ごとに記載されている。これを参照すれば「地域本部」と「CS」のどちらにも該当する事例について目星を付けることができた。

　該当するすべての事例を訪問することには物理的な制約がある。よって，上記の被表彰事例の活動概要であるとか，本研究グループが個別にもっている情報などを合わせて検討しながら，これはと思われる事例について，当該の学校を所管する教育委員会に問い合わせをした。学校に直接ではなく教育委員会に相談したのはCS指定をするのが教育委員会であるからだ。いきなり学校に問い合わせしたらば，学校としても取材の可否に迷ったり，話してもらえることに制約がでたりするかもしれない。教育委員会から当該の学校に意思確認をしてもらうほうがインタビューしやすいと考えたわけである。そこで，各地の教育委員会のウェブサイトでCSの指定状況を確認したうえで連絡し，こちらの研究の意図を申し述べた。この段階で取材は遠慮してほしいというケースもあったが，理解を得るなかで担当者として取材に適した学校を紹介してくれることもあった。2012年当時でCS指定されている学校は全国でも1000校余りであったので，一教委当たりでいえば所管しているCSもそれほど多くはなく，評判もつかみやすかったものと思われる。

　おおよそこのような経過のなかで，2012年7月〜2013年4月にかけて，12

校の学校（小学校7校，中学校4校，小中一貫校1校）を訪問することができた[13]。東京都の学校のほかは，関西地方，中国地方，九州地方の学校と地域的な偏りは否めず，また小学校が中心で中学校への訪問が少ないという状況ではあった。それでも，各学校で管理職（校長・教頭等）からCSとしての現状や地域連携についての認識を2～3時間かけて直接うかがうことができた最初の貴重な機会となった。取材する学校に対しては，表2.1のような質問項目を事前に送っておいた。およそ，「CS化や地域住民と学校のかかわりの経緯」「会議の実際や関係者の属性等」「CSと地域本部のつながりや2つの柱で運営する

表2.1　インタビューの項目

①コミュニティ・スクールと学校支援地域本部事業を導入しようとした経緯
②学校運営協議会の委員および校内の担当教員の属性や役割分担
③学校運営協議会および関連の各種委員会・部会を開催する回数や開催時間（地域コーディネーターの関与の有無）
④学校運営協議会の運営　1）決議の権限　2）議題の選定役　3）進行役　4）意志決定の方法
⑤学校運営協議会委員以外で，コミュニティ・スクールや学校支援地域本部事業に深く関わっている人の属性や役割
⑥コミュニティ・スクールの運営組織と学校支援地域本部事業の運営組織との関係性（コミュニティ・スクールと学校支援地域本部事業とをつなぐ必要性は何か，またそのための工夫点）
⑦学校支援活動に参加している地域住民のおおよその人数やその属性
⑧コミュニティ・スクールにとって学校支援地域本部が併設されていることのメリット 学校支援地域本部にとってコミュニティ・スクールが併設されていることのメリット
⑨各種事業の運営上で課題になっていることや，問題点など
⑩地域から学校への支援活動全般の概要について
⑪学校支援活動の中で地域の大人の学ぶ機会となっていると思われることはあるか

ことに対する考え方」を尋ねた項目で構成されている。ただし，インタビュー時は，半構造化面接として，項目をふまえつつも当該校における状況を自由に語ってもらった。

本研究グループの関心の始まりは地域本部であるから，本来なら地域本部の組織や活動の様態について，本部を運営する地域住民に尋ねるという研究方法もありえるだろう。しかし，たいていの「地域本部」の代表者は公表されておらず，連絡を取るにしても個人の電話番号であるケースが少なくなく，外部からインタビューを申し込むことがむずかしい。ともあれ，こうした事情から調査の申し込みを学校に対して行ったわけであるが，訪問できたところについては結果的に，CS 指定年が比較的早い学校が並んだ（表 2.2：アルファベット順に訪問）。つまり，CS としての活動実績が十分な事例を調査対象としていることになる。

元来，「CS」とは学校ガバナンスに関して話し合う地域住民も参画した協議体をもつ学校のことである。学校支援ボランティアの運用に関しては，学校運営にかかわる範囲で議題とする以外は本来であれば「CS」の主たる役割ではないとみることもできる。しかし，表 2.2 にあがった学校は，CS としての歩みのなかで地域住民のボ

表 2.2　2012〜2013 年に訪問した学校

訪問校	生徒数 （平成 24 年度）	CS 指定年
A小学校	231	2007 年
B中学校	158	2007 年
C中学校	75	2012 年
D小中学校	117	2010 年
E小学校	30	2010 年
F中学校	748	2006 年
G小学校	516	2005 年
H小学校	1225	2004 年
I小学校	429	2008 年
J中学校	453	2007 年
K小学校	506	2007 年
L小学校	550	2005 年

ランティア参加を得て学校をつくり上げていた。その過程において地域本部を導入しているという点に留意して，地域コーディネーターや地域教育協議会といった地域本部の枠組みとどのように向き合っているのかを分析することをめざした。結論からいえば，わずか12の事例からでも，いくつかのパターンを見いだすことができたのである。

　最も極端な例は，F中学校とH小学校であった。回答の主旨は，「立地する自治体で地域本部の枠組みが採用されているのは承知しているが，本校としては改めて地域本部なるものを導入する状況ではなく，CSとして地域との連携活動をさらに進めていく」というものであった。実際，当該校にすでにある諸活動を動かす仕組みが地域本部の施策の影響で変化したとは確認されなかったので，これらの学校は，CS単体として地域とともにある学校づくりを進めている事例として位置づけられるものといえるだろう。すなわち，「CSと地域本部の両輪」という本研究の問題意識とはやや方向性を異にする事例であったことが判明した。

　その「CSと地域本部の両輪」というものがどういう状態をさすのかというのも，一連のインタビューを通じて徐々にイメージができていった。ポイントは2つの仕組みの"連動"である。すなわち，残り10校のうちE小学校とG小学校を除く8校までは，地域教育協議会と学校運営協議会が情報交換をしていたり，あるいは，地域コーディネーターが学校運営協議会の委員になるなどして，2つの仕組みが連動していたのである。2つの仕組みといっても，それらが並列して存在するだけでは，それぞれが別の役割を担当するだけになろう。言い換えれば両者が連動することで，地域と学校の結ぶ連携推進母体が「2馬力」となることが肝要なのだと思われる。

7　事例のタイプ化

　以上のような留意点をふまえて，本研究グループはインタビュー結果の分析に着手した。まず，分析の対象をF中学校とH小学校を除く地域本部を実施し

ていると自認している 10 校とした。問題意識は，地域住民による学校支援が学校内の改善にとどまらず，地域の振興・活性化につながっているかである。よって，分析対象において，地域本部の施策で掲げられた 3 つのねらい，すなわち，「①学校支援活動の充実」「②地域住民の学習成果を活かす場の拡大」「③地域の教育力の向上」のどこまでが視野に収められているといえるのかを考察していくこととした。

　分析にあたっては，個々の事例の背景を丁寧に押さえながら，同時に，「CS と地域本部の両輪」の姿についての輪郭を描きだすために，事例をタイプ化できないかを検討した。そこで，2 つの軸を設定することとした。その 1 つは，当該の事例に「地域教育協議会」（名称は異なっていても同様の機能をもつ組織を含む）が設置されているか否かである（図 2.2：横軸）。「地域教育協議会」の存在がインタビューや関連して収集する資料などのなかで確認できれば，当該校は学校運営協議会と地域教育協議会の両方で学校支援活動の方針を協議していることになり，そうでなければ，協議の役割を学校運営協議会に一元化していることになる。

　もう 1 つの軸は，地域住民による学校支援が，「学校主導」と「地域主導」のどちらで進められているのかという視点である（図 2.2：縦軸）。具体的には，校長・教頭や CS 担当教員のリーダーシップのもとで学校が望むボランティア活動を地域住民に要請する傾向にあるのか，あるいは，活動の方針や内容を決めていく過程で，地域コーディネーターや学校支援ボランティアが一定のイニシアティブをとっているのかといったことを，うかがった

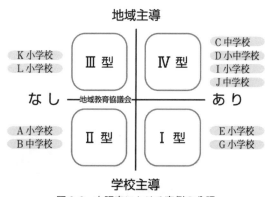

図2.2　本調査における事例の分類
出所：熊谷・志々田・佐々木・天野（2013）p.208

話や活動の推進体制などから判断していった。「学校主導」か「地域主導」かの違いは，学校支援活動のねらいをどこまで含むかという射程の問題に，当然ながら影響してくる。これらの軸を組み合わせて類型化すると，4つのタイプを設定することができる。つまり「地域教育協議会あり―学校主導」（Ⅰ型），「地域教育協議会なし―学校主導」（Ⅱ型），「地域教育協議会なし―地域主導」（Ⅲ型），「地域教育協議会あり―地域主導」（Ⅳ型）となり，ここに分析対象となる10校を振り分けてみると，図2.2のような結果となった。これら4つのタイプは，地域と学校の間で築かれたいわば「ソーシャル・キャピタル（社会関係資本）」の質の違いともいえる。

　Ⅰ～Ⅳと割り振ったのは，私たちが考えるCSと地域本部の連動性の高さの順である。Ⅰ型とは学校運営協議会と地域教育協議会が別物の仕組みとしてそれぞれにあるという状態で，ここには，先述したようにE小学校，G小学校が該当する。Ⅰ型とⅡ型の大きな違いは，Ⅱ型になると導入される仕組みが地域コーディネーターに特化され，地域コーディネーターが学校運営協議会の委員としても活動することで，学校のオーダーに応じたボランティアを差配することができていた点である。学校の必要性を忠実に実現するという意味では審議体を一本化し，コーディネーターを最大限に生かす方式が効率はよいわけであるから，地域教育協議会はなくとも連動性という意味でⅠ型より一歩踏み込んでいると位置づけられるのがⅡ型とみている。いっぽうでⅡ型は，学校主導の学校改善という域をなかなか抜けられないという本研究グループの観点からみた課題をかかえることとなる。よって，「地域主導」側がその先の形態となるわけであるが，地域教育協議会がないほうをⅢ型とし，あるほうをⅣ型とおいたのは，後者のほうが学校運営協議会と地域教育協議会という組織レベルでの連動性がみられるからであり，それは，地域と学校の連携で何をめざすのかという活動のねらいと関係してくる。

　以上のタイプ化の，とくにⅡ，Ⅲ，Ⅳ型に込めた意図ついては，事例の背景に即した理解が必要となる。そこでやや長くなるが，次項において，当時の調査結果を分析した論文からそれぞれの型の特徴を分析した記述を抜粋しておこ

う[14)]。

（1）「地域教育協議会なし─学校主導」（Ⅱ型）の特徴

　このタイプ（Ⅱ型）は，地域本部事業との連携といっても，地域教育協議会自体は存在せず，学校運営協議会がその役割を兼ねている。そのため，学校運営協議会の機能も大きく，学校主導のもと学校支援活動が推し進められている。まずは，この象限に位置するA小学校とB中学校に共通する特徴を探ってみよう。

　両校とも学校の荒れ対策としてCSを導入し，その後，地域本部事業を立ち上げている。そうした経緯からか，CSで協議された学校支援活動を実行に移していくのが地域本部事業であるとの認識が強く，学校運営協議会をトップに両校ともさまざまな推進委員会などが設置されている。たとえば，A小学校では，学校運営協議会のもと「ボランティア推進委員会」「子どもの安全と安心を見守る推進委員会」「学校評価委員会」「CS支援委員会」がおかれている。

　こうしてみると，学校運営協議会を連携推進母体に学校を核にした，まさに「スクール・コミュニティ」の活動が展開されているといえる。しかしそのぶん，学校がさまざまなことをかかえ込むことにもなるので，校長等のリーダーシップやマネジメントが求められ，負担も大きくなる。それに関連して，B中学校長の「CSと地域本部の両方を取り組むのはたしかに大変で負担になるが，それだけ生徒への効果も大きいため，続けているんだ」という声が印象的であった。

　その一方で，両校とも教員の負担感を増やさないようにしているのも特徴的である。A小学校では，CSに関する校務分掌は少なくし，教員のかかわりを小さくすることを心がけている。教員の負担をおさえて子どもと向き合う時間を増やすことが優先されるため，地域連携の取組はどうしても学校支援の傾向が強く，活動も学校主導のもと展開されることになる。B中学校でも，「ボラ

ンティアの趣味・特技・主張を学校に入れたいというだけの場合は断る」，あくまでも「ボランティアには，学校の教育目標や教育課程実施上で支援可能な部分を支援していただく」というスタンスなのである。

　ここまでをふまえると，たしかに地域教育協議会の役割を学校運営協議会が兼ねることで，機能を学校運営協議会に集中でき，効率的な運営が可能な仕組みと評価できる。だが，地域本部事業の取組は学校からの依頼による支援活動にとどまり，先述した地域本部事業における3つのねらいのうちの「①学校支援活動の充実」に偏ったかたちで定着をみている。このタイプでは「②地域住民の学習成果を生かす場の拡大」や，「③地域の教育力の向上」といったねらいは，埒外におかれているか，あるいは①に付随するものとして捉えられているのだろう。しかし，これが行き過ぎると CS 自体が単なる学校の応援団になってしまうという問題も胚胎することになり，注意が必要である。その点，A小学校では学校運営協議会の下部組織として学校評価を担当する委員会を位置づける工夫もみられ，特筆に値する。

　いっぽう，地域コーディネーターに目を向けると，このタイプでは地域本部事業の地域コーディネーターという強みがいかんなく発揮されている。というのも，学校運営協議会をエンジンとすれば，そこで生まれた動力を地域コーディネーターがギア（動力伝動装置）や潤滑油となって，教員や学校支援ボランティアにつないでいく必要があるからである。そのため，両校とも学校運営協議会のメンバーとして地域コーディネーターが加わっており，かれらが学校運営協議会とボランティアとのつなぎ役を果たしている。とくに，A小学校では，地域コーディネーターが学校運営協議会事務局の一員として位置づけられていたり，学校の職員会議にも参加したりするなどの工夫がみられる。このように，このタイプでは地域教育協議会が存在しないので，「学校運営協議会」と「学校支援に関するボランティア組織，あるいは個々のボランティア」との間を地域コーディネーターが橋渡しして，情報や活動方針の共有を図ることが重要になる。そうしなければ，地域本部事業と CS の両方に取り組んでいても，相乗効果が期待できないからであろう。ただし，そのぶん，地域コーディネー

ターの負担も大きく，かれら個人の力に依存してしまうという問題は，このタイプでは残されたままである。

（2）「地域教育協議会なし─地域主導」（Ⅲ型）の特徴

　ここで取り上げるⅢ型は，同じく地域教育協議会という組織はもっておらず，学校運営協議会がその機能を担っている。しかしながら，Ⅱ型と異なるのは，学校支援活動において地域がおおいにイニシアティブを発揮している点であろう。

　Ⅲ型と分類できるK小学校とL小学校の両校が，学校を地域に開く試みに着手し今日に至る経緯はよく似ている。L小学校は2005年に，K小学校は2007年にそれぞれCS推進事業研究校としての指定を受けており，その後に地域本部事業の導入を図っている。それらに先んじて，1983年に両校の設置主体である市が「青少年対策地区委員会」（以下，青少対）の活動に対する補助金交付要綱を定めて以来，同活動が地域に広く定着をみていたという点も共通する。各地域の実情に応じて，家庭・地域・学校が一体となった活動を行い，青少年をめぐる社会環境の浄化や青少年の健全育成を進めるというのが青少対のねらいであることから，CSや地域本部事業を導入する以前より，学校に対する地域住民のボランタリーな精神の土壌が培われてきたというのがこのタイプの特色である。

　組織という観点からすると，両校の学校運営協議会が設置する「コーディネーター部会」は注目される。これは，K小学校であれば当該市が委嘱している「学校支援コーディネーター世話人」[15] 2名と教職員3名，地域コーディネーター5名を核として，さらに各クラスから1名ずつ選出された「保護者コーディネーター」17名から構成されており，総数では27名にも及ぶ。L小学校の場合にも，部会員として活躍する人の数は17名にのぼる。両校の「コーディネーター部会」はそれだけの人材でもって学校とボランティアとの「パイプ役」（L小学校）を個人としてではなくチームとして果たしているのであるから，これまで述べたような，地域コーディネーター個人の力に依存して

しまうといった問題をかかえにくい構造が工夫されているといえそうである。

　さらに興味深いのは,「コーディネーター部会」の役割である。Ⅱ型においてそうであるように,多くのCSや地域本部の実態をみてみると,地域コーディネーターがおよそすべての学校支援事業を掌握し,学校との調整を図るのが一般的である。しかし,たとえばK小学校であれば「コーディネーター部会」が取り扱うのは,学校支援のなかでも「授業支援」に注力しており,「地域参画型の授業」の企画や実践を中心とする。そこでは,授業内容を充実させるために,コーディネーターが「地域人材・地域財産」の活用を教員に提案したり,教員とコーディネーターがともに「地域教材」を開発したりする。授業時の単なるサポーターにとどまらず,地域のもつ潜在的な力が授業計画の段階で発揮される仕組みには刮目すべきであろう。

　では,「授業支援」以外の学校支援についてはというと,学校運営協議会のもとに設けられる「コミュニティ・スクールプロジェクトチーム」が事業を展開する。同チームは,いわばタスク・フォースのようなかたちで地域課題から要請される特定の任務を「家庭支援プロジェクト」とか「安全見守りプロジェクト」といった機動部隊を編成して遂行している。地域のかかえる課題を学校運営協議会の議論の俎上に載せて解決策を練り,地域ボランティアの力で実践に取り組んでいる。

　以上を整理すると,学校運営協議会のもとに「コーディネーター部会」と「コミュニティ・スクールプロジェクトチーム」が「授業支援」とそれ以外の学校支援をうまく役割分担していることがうかがえる。さらに,そうした活動の周縁部には,学校運営協議会と直接のつながりはもたないものの構成員を重複させながら,「放課後子ども教室」や青少対が主催するさまざまな地区活動が地域社会での児童・生徒の体験活動や学習機会を充実させるべく展開されているのである。つまり,学校運営協議会がエンジンとなって駆動させる「コーディネーター部会」と「コミュニティ・スクールプロジェクトチーム」といった取組が進展する一方で,その周縁をとりまくかのように,「放課後子ども教室」や青少対を中核とする,学校支援の地区活動が層をなしているのである。

地域教育協議会という組織が存在しないとはいっても，学校運営協議会による学校ボランティア活動，それらの周縁に位置づく学校支援の地区活動を包括して捉えた全体像こそが地域本部であるとみなされているのである。

　Ⅲ型では，そのように直接的な学校支援と周縁的なそれとを意図して区別しようとするために，本来ならば地域教育協議会が担う役割を実態として学校運営協議会が兼ねていても，Ⅱ型でみられるような学校からの依頼による支援活動に偏ったり，とどまったりしていない。先述の「学校支援コーディネーター世話人」を介在させることで学校のニーズを汲みながらも，あえて学校とのほどよい距離を保つことで学校支援活動における地域のイニシアティブを担保しているのである。そのような実態は，地域本部事業の３つのねらいに照らせば，「①学校支援活動の充実」から「②地域住民の学習成果を生かす場の拡大」へと活動の質が進展していると評価できよう。

（3）「地域教育協議会あり―地域主導」（Ⅳ型）の特徴

　Ⅳ型にはＣ中学校，Ｄ小中学校，Ｉ小学校，Ｊ中学校の４校が位置づく。ここでもⅢ型と同様に，地域住民が企画，運営に参画し，地域主導による学校支援活動が活発に展開されている。そのため，先述した地域本部事業における３つのねらいのうちの「①学校支援活動の充実」および「②地域住民の学習成果を生かす場の拡大」については達成しているとみなしてよいだろう。Ⅳ型の特徴は，学校運営協議会と地域教育協議会が別個に設置されている点であり，この２つの協議会の役割分担を意識しながら，互いに連携しあえるよう工夫された運営組織をもっている点である。そこでここでは，こうした運営について明らかにするとともに，それが「③地域の教育力の向上」にまでつながる可能性についても考察していくことにしよう。

　このタイプの具体的な運営について述べる前に，４校の共通する背景について簡単にふれておきたい。いずれの学校も，児童・生徒数の減少に伴う学校統合・廃校という危機をかつてかかえていた，あるいは一部の学校では今も喫緊の課題であったりする。そのため，これらの地域では，学校を地元に残したい，

あるいは魅力ある学校が地元にあってほしいと願う住民の意識は強く，まちづくり，地域の活性といった視点からも，学校支援活動が取り組まれてきた経緯をもつ。4校の地域性や学校規模をみると，都市部の比較的大きなＩ小学校，Ｊ中学校と，島嶼部・山間部の小規模校であるＣ中学校，Ｄ小中学校という，対照的な特徴をもった2グループに分かれ，それによって学校の統廃合の背景は異なる。すなわち，前者は都心でのいわゆる「公立離れ」とその改善策として導入された学校選択制度の影響が，後者は過疎の影響が発端となっている。こうした学校の特徴によって，Ⅳ型の運営タイプのなかでも，学校運営協議会と地域教育協議会の関係性が少し異なる。

　まず，Ｉ小学校とＪ中学校では，地域教育協議会を，地域住民が学校運営協議会へとかかわる力を養う準備段階の場として位置づけている。Ｉ小学校やＪ中学校のある地域の学校運営協議会は，教育課程の承認や人事案件の検討，学校評価活動など大きな権限を有し，責務も重い。Ｉ小学校では，学校運営協議会の委員就任は，教育関係者や専門職ではない一般の地域住民にとって敷居が高いが，地域教育協議会のなかで，学校や地域からのニーズに自分の経験やアイデアを活用して対応するうちに，次第に地域全体の特性や学校をめぐる教育課題について深く関心をもつようになり，学校運営協議会への参加を希望する人も多いという。また，Ｊ中学校ではもともとCSの本格導入に先駆け，地域住民や保護者の学校関心や地域課題への意識を高める方策として，地域教育協議会が設置された経緯をもつ。つまり，これらの地域では，地域本部が，地域教育協議会委員をはじめ，地域コーディネーターや学校運営協議会委員へとボランティアが成長できる場となっている。またこうしたボランティアの成長を，地域コーディネーターが支援している点も特徴的だ。組織を支える後継者の確保の問題がいずれの地域でも懸案事項となるなか，地域活動の先輩として関心・意欲の高いボランティアにアドバイスをしたり，支援活動の責任や役割を少しずつ振り分けていくことで，ボランティアが学校支援や学校改善にかかわるための力量や自信を高める配慮がなされている。

　またもう一点，両校の間でその認識には多少の温度差はあるものの，学校運

営協議会は地域教育協議会の活動を評価する立場にあることが意識されている点も見逃せない。学校運営協議会と地域教育協議会の間の情報共有を図るうえで委員の重複は避けられないが，評価する組織と評価を受ける組織とが同一となってしまっては，事業の見直しや軌道修正に関する指摘が出されにくく，地域住民が行う地域本部活動の民主的な運営に支障が生じる。そこで，明文化された規定があるわけではないが，J中学校では地域本部の総代表は学校運営協議会のメンバーにならないよう配慮されていたり，I小学校でも両協議会委員を重複する人数を調整し，「緩やかなつながり」が保たれるよう心がけられている。こうした民主的な運営をめざすうえの配慮は，ほかの事例にはみられない。また，地域教育協議会は学校が直面する課題や地域から寄せられるニーズに敏感に対応して方針を検討するものであるのに対し，学校運営協議会は長期的かつ多面的な視座から学校経営，評価について検討していかねばならない。両協議会の役割の違いから生じる「ほどよい緊張関係」は，学校改善，学校支援にかかわる地域住民の議論がより成熟したものとなる刺激になっているとの指摘もある。とはいえ，こうした両協議会の委員の重なりや入れ替わりのルール，両者のパワーバランスをめぐる問題は，CSや地域本部の運営のあり方を左右する懸案事項であり，両校ともに今後の整理していかねばならない課題として指摘されている。

　いっぽう，C中学校やD小中学校では，互いの協議を補完しあう関係性で結ばれていると表現できるだろう。この2つの学校では，地域教育協議会の部会によって学校支援活動が企画，実施されているが，こうした部会が教員の校内研修の部会と連動しており，教員と地域住民とが協働で学校支援活動を進めている点を特徴にもつ。Ⅱ型では管理職以外の教員がかかわらなくとも運営できる工夫がなされていたが，ここでは教員を巻き込みつつも，最小限の負担で抑えられるような配慮がなされている。部会・校内研修は活動テーマごとに，C中学校で3つ，D小中学校で4つずつ設置されており，両校ともに郷土への愛着をもって働き，暮らし続ける次世代を育てるというねらいのもと活動が行われている。各部会では，地域コーディネーターが全体の活動の方向性をとりな

がら，教員，保護者，地域住民がそれぞれの立場を超えて情報を出しあい，地域課題を共有しあうなかで，学校・地域の双方からのニーズの吸い上げや，課題の整理の支援を行い，議論が進められている。そのため，インタビュー調査では地域教育協議会が，C中学校では「協働の場」，D小中学校では「熟議の場」と表現されており，部会での議論が教員にとっても，地域住民にとっても，学びの機会となっていることをうかがいしることができる。

　また，地域教育協議会で議論された学校改善の課題やニーズは学校運営協議会に報告され，情報の共有化を図ることで，学校経営全体の改善へと反映される連携体制がとられている点も見逃せない。こうすることで，しばしば形骸化しやすいことが指摘されている[16]学校運営協議会の議論を，地域や学校の実情が反映された具体的なものとする工夫がなされている。

　これまでみてきたように，IV型の運営タイプでは，地域教育協議会が学校支援のあり方に関する議論や情報収集を担っており，地域住民が地域コミュニティや教育課題についての学びを深める場となっていることがわかる。また，地域コーディネーターが地域教育協議会の核となり，大人の学びの機会を支援していることも重要な工夫といえよう。地域教育協議会がこうした機能を担うことで，学校支援活動が単に学校のため，子どものための活動ではなく，「③地域の教育力の向上」に役立つ活動へと深まり，学校を中核とした地域づくりへとつながっていると理解することができるだろう。

| 9 | 萌芽研究としてのタイプ化の意義 |

　以上，本章では2013年前半ごろまでの状況について振り返ってきたが，改めて研究の道筋を整理しておこう。当初の問題意識は，地域本部という社会教育サイドからの新しい学校支援活動が地域づくりをも射程に収められる理念と仕組みをもちながらも，そうした側面が形骸化する傾向をみせていたのはなぜなのかという点であった。それは地域づくりの理念を無視ないし軽視しているために地域教育協議会の必要性が低下していることが背景にあるのではないか。とすれば，大人の学び合い（成人学習）の力を梃子<rt>てこ</rt>に，地域教育協議会を単な

る方針を確認する組織ではなく，学習する組織としての機能をもつ，地域と学校の「連携推進母体」へと変えていくのが望ましいのではないか。ここまでが，理念的に考えた際の一定の到達点といえよう。

　では実際の状況を好転させるにはどうすればよいか。たとえば，地域教育協議会の体質改善を図って地域本部を単体で振興させるのも１つの方策であろう。しかし，現実的により強力な連携推進母体を構築することはできないだろうか。そこで，着想したのが「CS」と「地域本部」のそれぞれの強みを生かし，これらを両輪として地域とともにある学校づくりを進めるという方向性である。日本全体でみればまだ散発的に実施されていた「CS＋地域本部」の必要性をいち早く指摘し，本章でみたように，実際の様態を捉える枠組みとして４つのタイプが考えられることを提示した。こうした成果は後の政策展開においても理論的な根拠を示す材料の１つとなって活用された[17]。

　「CS＋地域本部」のタイプ化について，地域と学校のどちらの振興にも貢献する連携推進母体づくりという観点からみれば，Ⅰ型からⅡ型，Ⅲ型，Ⅳ型へと進みうるという考え方を整理できたことには，今にもつながる意義があったと思っている。もちろん，どのような状況でもⅣ型を応用すればうまくいくとは限らない。短期的に学校を改善していく必要に迫られている場合であれば，たとえばⅡ型の組織づくりを進めて課題解決を図るほうが状況にフィットするということも十分ありえるだろう。ただし，方向性としてはⅡ型のその先があり，中長期的に地域住民の当事者意識を醸成しながら，大人の学びを核とする連携推進母体づくりをいかに進めていけるのかという大きな課題を見据えておくことが必要で[18]，本章で示したタイプ化の考え方がその一助となれば幸いである。

　なお，このあと，本研究グループは，2013 年夏に全国的なアンケート調査を実施し，CS と地域本部の連携の傾向を量的調査にて把握することを試みた[19]。その結果については，2017 年末に実施した全国調査の成果と合わせて第４章で論述する。また，連携推進母体の具体的な様態をさらに描き出すために，2014 年８月〜2015 年２月にかけて，11 都府県にまたがる 20 校の訪問調

査を行っている[20]。さらに考察の対象を広げて，連携推進母体の仕組みのなかに公民館がどのように関係しているのかを把握することを目的としたアンケート調査も実施した[21]。これら一連の研究によって得られた知見も本書の分析の視点となっていることを申し添えておく。　　　　　　　　　　　【佐々木保孝】

注
1）1970年代以降に本格化した学社連携・学社融合論の展開もふまえた地域と学校の連携にかかわる動向の時系列的な整理としては，志々田まなみ（2016）「これからの『地域と学校の連携・協働』の方向性」『日本生涯教育学会年報』第37号，p.87-102.を参照。
2）地域本部事業のねらいに関する本段落の記述は，スタート文書，p.1-2.の部分である。
3）この調査の結果については，熊谷愼之輔・志々田まなみ・佐々木保孝（2011）「学校支援地域本部事業の展開と課題～『学習する組織』としての学校支援地域本部を目指して～」『日本生涯教育学会年報』第32号，p.167-182.のなかで報告している。
4）スタート文書，p.1。
5）三菱総合研究所『「学校支援地域本部事業」実態調査研究　報告書』文部科学省，2010，p.15。
6）図2.1および関連する文言の抜粋は，スタート文書，p.3-4.の部分である。
7）三菱総合研究所，前掲，付録p.9-16。
8）「学校」の回答は43.4％（複数回答），「教育委員会」の回答は48.4％（複数回答）にのぼっている。同上，p.25およびp.43.の部分である。
9）同上，p.34。
10）センゲの「学習する組織」論を地域本部の分析に応用する試みは，以下の2つの論考で詳述しており，ここでは，これらを踏まえた論述となっている。熊谷・志々田・佐々木，前掲／志々田まなみ・熊谷愼之輔（2012）「学校と地域の連携を推進する組織づくりに関する一考察―『学習する組織』論を手がかりに―」生涯学習・社会教育研究促進機構（IPSLA）『生涯学習・社会教育研究ジャーナル』第6号，p.23-36。
11）コミュニティ・スクール研究会編（2012）『平成23年度文部科学省委託調査研究報告書　コミュニティ・スクールの推進に関する教育委員会及び学校における取組の成果検証に係る調査研究報告書』日本大学文理学部。
12）本表彰は，2020年現在でも「『地域学校協働活動』に係る文部科学大臣表彰」という名称で引き継がれている。
13）ここで取り上げている2012～2013年間に実施した訪問調査の結果と考察については，熊谷愼之輔・志々田まなみ・佐々木保孝・天野かおり（2013）「学校支援地域本部事業と連携したコミュニティ・スクールの事例分析～『地域とともにある学校』づくりによる教育力の向上をめざして～」『日本生涯教育学会年報』第34号，p.203-219.に詳述している。
14）同上，p.209-216。

15) コーディネーターの取りまとめ，教育委員会との調整などを行う者として，1校につき2人以内をおくことができるのが，「コーディネーター世話人」である。世話人は，現にコーディネーターとしての経験を有する者のうちから校長が推薦し，教育委員会が依頼することが定められている。

16) たとえば，岩永定（2005）「学校と家庭・地域の連携の現状と課題」『日本教育経営学会紀要』第47号，p.166-169.など。

17) 2014年9月に出された文科省（2014）『コミュニティ・スクールの推進等に関する調査研究協力者会議におけるこれまでの審議の整理』では，今後の推進方策として，「コミュニティ・スクールと学校支援地域本部等の取り組みの一体的な推進」があげられているが，その参考資料のなかに，本章でふれてきた熊谷・志々田・佐々木・天野，前掲.の論文から主たる事例が引用されている。文科省（2014）『コミュニティ・スクールの推進等に関する調査研究協力者会議におけるこれまでの審議の整理（全文）』p.58-59。

18) 本書でもこのあと論じられていくように，「学校支援地域本部」は「地域学校協働本部」へと受け継がれ，近年では「CSと協働本部の一体的推進」が政策上も強調されるようになっている。ただし，そのイメージは学校運営協議会で審議した方針にそってボランティアの実働として協働本部があるという，本章で指摘したⅡ型に近い語られ方をするケースもしばしば見受けられる。Ⅱ型のイメージで止まったままであれば，本研究グループは，Ⅲ型・Ⅳ型の様態を意識して警鐘を鳴らすこともある。

19) 志々田まなみ・熊谷愼之輔・佐々木保孝・天野かおり（2013）「学校支援地域本部と学校運営協議会の連携の実態―全国アンケート調査の結果から―」『広島経済大学論集』第37巻第3号，p.1-14。

20) 2014年からの訪問調査で明らかになった連携推進母体の具体的な様態やそこから考察した成果については，地域とともにある学校づくり・学校とともにある地域づくり研究会（2015）『学校運営協議会と学校支援地域本部が連携した「地域とともにある学校」のあり方に関する研究報告書』（平成26年度文科省委託事業「学校の総合マネジメント力の強化に関する調査研究」）岡山大学.に詳しい。

21) 公民館とのかかわりは本書の直接のテーマではないが，調査の結果と考察については，佐々木保孝・熊谷愼之輔・志々田まなみ・天野かおり（2017）「『公民館』と『学校支援地域本部』の連携に関する調査研究―教育委員会担当者への全国アンケートの傾向より―」『天理大学生涯教育研究』第21号，p.1-25.を参照。

第3章
地域学校協働の理念とデザイン
～2つの潮流の架橋～

1 地域学校協働に関する答申

「教育支援活動を推進する潮流」と「学校運営への参画を推進する潮流」と
をつなぐ動きは，2015年の中央教育審議会の協働答申という形で結実する。
同答申では，地域と学校がパートナーとして，ともに子どもを育て，ともに地
域を創るという理念に立って，①「地域とともにある学校」への転換，②子ど
もも大人も学び合い育ち合う教育体制の構築，③「学校を核とした地域づく
り」の推進の3点を進めていくことが示されている。

協働答申が学校と地域との連携のあり方に与えたインパクトは大きく3点が
指摘できる。1つ目は，「学校を核とした地域づくり」というキーワードがこ
こで登場したことと関係している。この言葉は，「教育支援活動を推進する潮
流」がもともともっていた，教育支援活動を通じた地域住民同士の横のつなが
りの強化や，学校を舞台として地域住民が活躍する場が増えることでの地域活
性化といった波及効果を強く意識した用語だといえるだろう。2つの潮流に
よってもたらされる効果のうち，学校や学校教育の充実・改善へとつながるも
のを「地域とともにある学校づくり」，地域や社会教育の充実・改善へとつな
がるものを「学校を核とした地域づくり」と整理されている。この両アプロー
チが一体的に推進される体制づくりをはかることで，学校教育から社会教育ま
で，子どもの学びから大人の学びまで，そして，人づくりからまちづくりまで，
地域全体の教育や学習の推進体制を見直し，それぞれの連携や協働のあり方を
再構築していこうという協働答申の核となる理想が，この一対を為すキーワー
ドで表現されることとなったのである。

インパクトの2つ目は,「地域とともにある学校づくり」を推進する有効な仕組みとしてCSが位置づけられたのに対し,「教育支援活動を推進する潮流」からつながる「学校を核とした地域づくり」を推進する組織として,協働本部の設置が提案された点である。

従来の地域本部,放課後子供教室などの活動をベースに,地域による学校の「支援」から「連携・協働」へ,個別の活動から「総合化・ネットワーク化」へと発展させていくことをめざす新たな体制として,協働本部を全国的に整備することが,この答申で提言されている(図3.1)。

学校と地域の双方に地域学校協働を推進するための組織を整備することに加え,それぞれの窓口となる人材を配置することについて指摘されている点も見逃せない。学校のなかで学校と地域をつなぎ,コーディネート機能の充実をめざして配置される職員は,「地域連携担当教職員(仮称)」[1]と呼ばれ,協働本

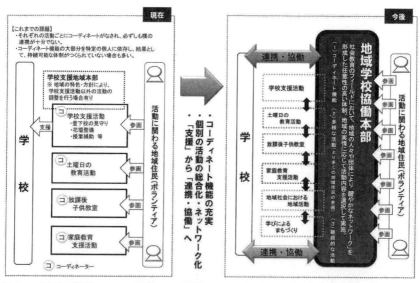

図3.1 「今後の地域における学校との協働体制(地域学校協働本部)の在り方〜目指すべきイメージ〜」

出所:文科省「学校と地域でつくる学びの未来」https：//manabi-mirai.mext.go.jp/torikumi/chiiki-gakko/kyodo.html

部の地域コーディネーター等と一対となる職員として，答申内では位置づけられている。2つの組織と2つのコーディネーターがパートナーとして機能する体制を整えることで，学校と地域が全体として目標を共有し，役割分担を進めながら，地域学校協働活動を推進することが構想されたのである。

　こうしたCSと協働本部とが「相互に補完し高め合う存在として，両輪となって相乗効果を発揮していく」という協働答申の方針は，前章で解説した本研究グループの研究成果もふまえられている[2]。繰り返しにはなるが，もう一度ここで確認すれば，CSは地域本部に比べ，地教行法に基づく制度としての強みをもつが，学校運営協議会で決めたことを実行に移していくには，どうしても地域本部が有する地域コーディネーターや実行組織（ボランティア組織）といった人々の力が必要となる。だからといって，CSの活動が学校支援に偏れば，学校ガバナンスの実現といったCSの本質を見失うおそれも出てくる。そのような地域本部とCSの双方に潜む問題を乗りこえるには，互いの弱みを補い，それぞれの強みを活かしていくための，両者の有機的な接続の観点などをふまえた体制の構築が必要である。「コミュニティ・スクールと地域学校協働本部の一体的・効果的な推進の在り方」と題された章が，わざわざ協働答申の第4章に設けられたのも，こうした理由による。そうした体制のもとで，地域と学校が連携・協働して，地域全体で未来を担う子どもたちの成長を支えていく活動として，「地域学校協働活動」という呼称が与えられることにもなった。

　最後3つ目のインパクトは，「地域とともにある学校づくり」や「学校を核とした地域づくり」が，学校ガバナンスの実現だけでなく，教育の質を保障する「社会に開かれた教育課程」を実現する体制でもあることが，この答申によって明示されている点である。「社会に開かれた教育課程」というキーワードは，協働答申が出される4カ月前，学習指導要領の改訂に関する「論点整理」において公表されており，それがここにも色濃く反映されることとなった。この「論点整理」において，「社会に開かれた教育課程」は，単に社会の急激な変化を柔軟に受け止めた内容にするということではなく，どのような資質・

能力を育む必要があるかといった編成から，それを実施し，評価し，さらに改善していくまでのプロセスを，保護者や地域の人々などを巻き込みながら進めていくことの重要性が指摘されている。図3.2にあるように，それを実現していくためにも，CSと協働本部とが有機的に接続した体制の構築が協働答申においても強く求められている。なお，こうした基本方針は，2020年からの学習指導要領の前文でもよりはっきりと示されており，"より良い学校教育を通じてより良い社会を創る"という目標を実現する方途としても，地域学校協働の取組に大きな期待が寄せられている。

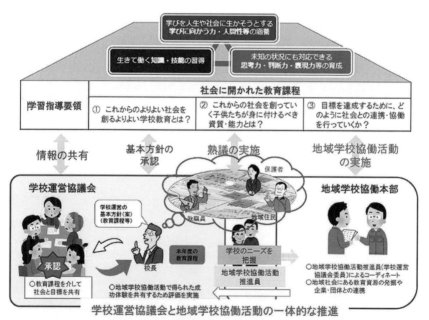

図3.2 「地域と学校の連携・協働―社会に開かれた教育課程の実現」
出所：文科省「学校と地域でつくる学びの未来」https：//manabi-mirai.mext.go.jp/toriku-mi/chiiki-gakko/syakaini-hirakareta.html

2　協働答申をふまえた2つの法改正

　協働答申の内容を受け，社会教育，学校教育ともに法律改正が行われることとなる。

　まずは，社会教育からみていこう。2017年4月に社会教育法第5条第2項として，地域学校協働活動が規定され，この事業を実施するにあたり「地域住民等の積極的な参加を得て当該地域学校協働活動が学校との適切な連携の下に円滑かつ効果的に実施されるよう，地域住民等と学校との連携協力体制の整備，地域学校協働活動に関する普及啓発その他の必要な措置を講ずるものとする」と，市町村教育委員会の責務についても示されることとなる。また，地域学校協働活動は学校にも関係するため，社会教育主事は，「学校が社会教育関係団体，地域住民その他の関係者の協力を得て教育活動を行う場合には，その求めに応じて，必要な助言を行うことができる」とその役割が，第9条第3項第2号として記された。

　さらにもう1つ，重要な改正点は，同法第9条第7項で「教育委員会は，地域学校協働活動の円滑かつ効果的な実施を図るため，社会的信望があり，かつ，地域学校協働活動の推進に熱意と識見を有する者のうちから，地域学校協働活動推進員を委嘱することができる」とされたことである[3]。よく誤解されているようだが，地域学校協働活動推進員は，それまでの学校・家庭・地域の連携事業で配置されていた地域コーディネーターを法律で定めるために和名称に変更したものではない。学校・家庭・地域の連携活動においては，地域住民からは学校の「敷居が高い」ことが，学校関係者からは学校安全上の問題が指摘されていた。教職員でも保護者でもない一般の地域住民が，学校現場で信頼され期待されるためには，経歴や活動経験をふまえて教育委員会から正式に委嘱された職にあることが重要と考えられたのである。それゆえ，教育行政の関係者が地域学校協働活動推進員として委嘱されることは想定されていない。また，教育委員会も委嘱しているからには，活動マニュアルを作成したり，計画的な研修などの機会を設けたり，謝金や諸経費などの予算措置を講じたりするなど，

地域学校協働活動推進員が活躍できる環境整備に努める必然性が生じることになる。

　学校と地域とをつなぐコーディネーターの役を，公民館主事や教職員らが担っている地域は多数ある。こうした職にある者の職務と地域学校協働という取組がそもそも不可分ではないことを証左している。地域学校協働活動推進員が地域住民しか委嘱できないからといって，従来からコーディネーターとしてかかわる職員の任を解く必要もない。コーディネートという機能は多様な人材が，複数人で担い合うことによってさらに充実することは明らかであり，地域住民で「社会的信望があり，かつ，地域学校協働活動の推進に熱意と識見を有する者」と，行政職員とが連携しながら，地域学校協働を推進していくことが望まれる。

　いっぽう，学校教育においても，「地域とともにある学校づくり」をめざすべく，2017 年 4 月に CS を規定した地教行法が改正されている[4]。先に示したとおり，CS 導入の背景には，閉ざされた学校運営に対する社会の不信感を払しょくするための方途という意味合いが強く，校長が作成する学校運営に関する基本方針の承認などを通じた協議機能に重きがおかれていた。しかし，こうした学校運営に関する協議を通じて，学校運営協議会のメンバーは，学校運営の現状や児童・生徒がかかえる課題などを把握する立場にある。それら課題を解決するための地域住民らによる支援の方法や内容についても，CS が併せて協議を行うことは効果的であり，そのことが協議そのものの活性化にもつながっている事例が，全国で数多くみられるようにもなっていた。こうした状況をふまえ，CS の機能として，従来の学校運営に関する協議に加え，「学校運営への必要な支援に関する協議」[5]も付け加えるよう，地教行法第 47 条第 5 項第 5 号に追記された。こうした議論が活性化しやすいよう，地域学校協働活動推進員などが協議会の委員として参加すべきことも記されることとなった。

　また，地域全体で子どもの育ちを考えていこうとすれば，幼稚園・保育園等と小学校，小学校と中学校など，同一地区に立地する学校等との間の連携も必要となる。CS 先進事例のなかには，こうした小中一貫などの視点から導入を

進めた背景をもつ自治体も数多い。2011年の「学校運営の改善の在り方等に関する調査研究協力者会議」がまとめた提言「子どもの豊かな学びを創造し，地域の絆をつなぐ〜地域とともにある学校づくりの推進方策〜」においても，「中学校区を運営単位として捉え，複数の小中学校間の連携・接続に留意した運営体制を拡大」することが掲げられ，「地域とともにある学校づくりを促進する新たな仕組みとして，複数校の連携・接続に留意した運営体制について制度的な課題や推進方策を検討し，その拡大を後押しすべきである」ことが示されてもいた。こうした布石もあり，小中一貫教育など，２校以上の学校同士が連携を強める意図がある場合については，２つ以上の学校について１つの学校運営協議会をおくことができるよう，法律が改められてもいる。

　さらにもう一点，これからの公立学校は，「地域とともにある学校」へと転換し，地域との協働体制を持続可能なものとしていくことが不可欠であることから，すべての公立学校においてCSの導入をめざすべく，各教育委員会に対して，これまで任意に設置するものとされていたものを，「学校運営協議会を置くように努めなければならない」と，いわゆる「努力義務」として定めることとなった。すなわち，CSの推進について，公教育制度として一歩踏み込んだ判断がなされたといえるだろう。加えて，「義務教育諸学校等の体制の充実及び運営の改善を図るための公立義務教育諸学校の学級編制及び教職員定数の標準に関する法律等の一部を改正する法律」の附則第５条として，地教行法の「施行後５年を目途として」，導入状況や学校教育をとりまく状況の変化などを勘案し，「学校運営協議会の在り方について検討を加え，必要があると認めるときは，その結果に基づいて所要の措置を講ずるものとする」とされ，義務化への含みについても示されていることは注意が必要である。

| 3 | 地域学校協働活動と協働本部のデザイン―教育支援を推進するプラットフォーム― |

　協働答申および社会教育法の改正によって生まれた，地域学校協働活動や，協働本部について，政策のねらいをふまえながら確認していこう。

社会教育法の条文から忠実に地域学校協働活動というものを読み取ろうとすれば，第5条第2項において示されている，地域と学校とが連携した，①「学校の授業の終了後又は休業日において学校，社会教育施設その他適切な施設を利用して行う学習その他の活動」，②「青少年に対するボランティア活動など社会奉仕体験活動，自然体験活動その他の体験活動」，③「社会教育における学習の機会を利用して行った学習の成果を活用して学校，社会教育施設その他地域において行う教育活動その他の活動」の3種の活動が，それにあたる。

　この定義に従えば，CSの運営やそこでの活動は，地域学校協働活動には含まれないことになる。しかし，序章でふれたとおり，本来「協働」とは「共通の利害関心を持つ人々が共通の目的のために機能的な協力をすること」をさす用語であり，地域住民と教職員とがともによりよい学校づくりをめざし，それぞれの立場から協力しあう制度であるCSの取組は，まさしく，地域と学校による「協働」の活動だと理解できる。いっぽう，たとえ協働本部という名称をもつ組織が実施した活動であっても，学校から依頼のあった支援を地域住民が分担するような，「お願いする－お願いされる」関係での学校支援活動のみを行っている取組，あるいは，放課後子供教室や地域未来塾，家庭教育支援チームなどによって上記の①～③にあたる活動が実施されていたとしても，そこに学校の教職員が一切かかわらず，一部の地域ボランティアだけで運営されているような活動について，地域学校協働活動と呼んでしまってよいものなのか，疑問が残る。

　つまり現状，地域学校協働活動には，文科省による「地域学校協働活動推進事業」という名称の補助事業で行われる活動，自治体の社会教育担当部局が社会教育法に基づいて実施する地域と学校との連携による活動，「協働」の理念に基づいた地域と学校との連携による活動など，幾通りかの理解が存在する。今後，これらをどう具体的に定義していくべきかについては，第6章で改めて考察するとして，ひとまずここでは，協働答申の理念を実現するための「地域とともにある学校づくり」と「学校を核とした地域づくり」の両方の活動を，「地域学校協働」で進める活動という意味で，地域学校協働活動と捉えること

にする。

　こうした前提に立って整理すると，地域学校協働活動のうち，「教育支援を推進する潮流」に位置づく事業に限らず，多様な地域住民による「学校を核とした地域づくり」を推進していくための組織が，協働本部ということになる。協働本部が打ち出された当初，「支援から協働へ」といったスローガンが用いられたことや，実際に地域住民が学校にかかわる機会を直接増やす活動を行っていた支援本部の存在は大きく，支援本部をより充実・発展させたものが協働本部だというイメージがなされがちであった。しかし，熱心な取組をしている放課後子供教室や地域未来塾，家庭教育支援チームがある地域では，地域の実情に応じてそれらが中核となって協働本部への転換をはかっていった地域もある。地域の教育支援活動間のつながりを深めるべく，①コーディネート機能を強化し，②より多くのより幅広い層の活動する地域住民の参画をえて活動を多様化し，③継続的な活動へと展開するための体制づくりを進めるといった，文科省の「地域学校協働本部に関する施策の基本的な方向性」に示されたこれら３つのアプローチをふまえながら，「学校を核とした地域づくり」の総合化，ネットワーク化が全国で図られることとなった。

　こうした背景には，地域学校協働活動推進事業そのものがかかえる問題点も関係している。その１つは，先にも指摘したが，学校応援団というかけ声があまりにも浸透したために，「教育支援を推進する潮流」が学校教育を支援することだという誤解が生じはじめていたことである。また，子どもの育ちのためには学校教育だけでは不十分であり，放課後や土曜日などを含めた包括的な支援や取組が欠かせないことに地域の大人が気づくというねらいが，十分に浸透していないことへの懸念もあげられる。さらには，地域本部や放課後子供教室，地域未来塾などといった活動の広がりとともに，活動の重複やボランティアやコーディネーターの掛けもちによる負担の増大など事業間の調整が必要となっていたことなども指摘できるだろう。

　地域住民による教育支援の取組が地域で定着しはじめてきた時期であったからこそ，いま一度活動の本来的な意義を見つめ直し，地域の教育力向上や，地

域住民の教育観・学校観のブラッシュアップを促す学びの拠点として，協働本部が機能することが期待されたともいえる。そのためには，地域に点在するさまざまな教育支援活動，団体同士の横のつながりを強化し，互いの活動から学びあう機会や，連携活動を推進する機会などをコーディネートするスタッフの存在が欠かせない。地域学校協働活動推進員の配置だけでなく，複数の事業にかかわる統括コーディネーターを配置することで，地域全体の取組を体系的に整理したり，地域全体の活動の充実・改善を進めたりする役割を協働本部が担っていくことが求められるようになった。

　さらにもう1つ重要なのは，従来の地域本部や放課後子供教室，地域未来塾，家庭教育支援チームだけではなく，そのほかのまちづくり活動などを通じて子どもの育ちを支えてきた地域の，NPOやボランティアサークル，PTAや文化やスポーツ団体などの社会教育関係団体，地域の大学や企業といった，従来の地縁を越え，より多様な専門性，より幅広い地域住民や団体などの層も巻き込みながら，学校とともに「次代を担う子供に対して，どのような資質を育むのかという目標を共有」しあう「緩やかなネットワーク」として，協働本部がデザインされている点である。こうしたプラットフォームとして協働本部が機能することで，変化の激しい社会に対応した学校運営や「社会に開かれた教育課程」の開発を進めるCSを，カウンターパートとして支えることができる地域組織へと発展していくことが期待されたのである。

4　協働本部への発展に伴う課題

　文科省によれば，こうした新たな協働本部の体制が，2022年度までに全小中学校区をカバーすることを目標に掲げている。それと同時に，「学校を核とした地域づくり」と「地域とともにある学校づくり」との一体的推進という協働答申の方針を定着させていくために，2019年度より補助事業である地域学校協働活動推進事業の要件として，「コミュニティ・スクールを導入していること，または導入に向けた具体的な計画があること」と，「地域学校協働活動

推進員等を配置することと」とを定めるなど，体制のあり方について一歩踏み出した方針を示している（図3.3）。

とはいえ，CS と比べると協働本部はその導入に向けた根拠や組織としての要件の整備が弱く，その体制の仕組みも地域によってさまざまな状態だと，言わざるを得ない。前述の「地域学校協働本部に関する施策の基本的な方向性」において 3 つの条件が示されてはいるものの，その運営体制については，「運営委員会に代わりうる既存の組織等をもって代替する」組織があれば，協働本部内に協議する委員会等が設置されてなくても構わないことになっている。また，補助事業を受けずに独自の取組として地域学校協働活動の推進を図っている自治体においては，これら方針が取組に反映される保障はないままである。

こうした体制づくりの方針は，地域間の格差が生じやすいとか，整備しにくいといった声を耳にすることもあるが，地域や学校の特色，実情やそれまでの経緯を十分ふまえたデザインで進められるという意味でメリットも大きい。実際，先進的ないくつかの協働本部の体制を見比べてみても，その姿は CS 以上に地域によって千差万別である。

地域性に十分配慮した協働本部の体制整備のあり方は，じつは地域本部の時代から変化はしていない。かつて地域本部が委託事業であった時代には，その運営を行う地域教育協議会の設置が推奨されてはいたが，必須条件ではなかった。地域教育協議会のような独自の運営組織がなくとも，公民館内に地域本部が設置されているような場合にそこの公民館運営審議会，あるいは，まちづくり推進協議会が小学校区単位で整備されているような自治体ではそこの子育て支援活動を担っている部会といった地域の組織が，それを担っている事例も多かった。こうした地域づくりにつながる組織が，社会教育の体制としての協働本部の運営を進めていくのに，それほど大きな軋轢（あつれき）やねらいの齟齬（そご）が生じることは考えにくい。

しかし，CS の導入が「努力義務」として強化されたことを背景に，CS 設置が各自治体で急速に拡大しようとした場合，既存の地域本部をそっくりそのまま学校運営協議会に看板を掛けかえてしまおうといったケースが増えてきたと

したら，それには注意が必要である。とくに地教行法で「学校運営への必要な支援に関する協議」が付け加えられたことによって CS の役割に誤解が生じるようなケースが増えてしまっているとしたら，協働本部だけでなく CS の機能にも支障をきたすおそれがある。

　繰り返しになるが，協働本部は地域づくりのための組織であって，学校づくりの組織ではない。また，CS は学校づくりのための組織であって，地域づくりの組織ではない。成り立ちも，ねらいも異なるこの 2 つの組織の違いが等閑視され，単なる"学校と地域との連携活動を担う"という点でのみ両者を一元化させてしまえば，協働答申の本質とはかけ離れた体制へと変質を招くことは容易に想像がつく。

　こうしたいくつかの懸念から，本研究グループでは，第 2 章で紹介した実態調査から 4 年が経過した 2017 年，協働答申や協働本部の登場によってどのよ

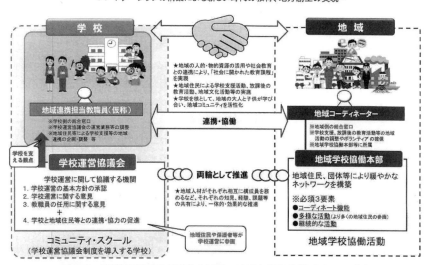

図 3.3　「学校と地域の効果的な連携・協働と推進体制（イメージ）」
出所：文科省「新しい時代の教育や地方創生の実現に向けた学校と地域の連携・協働の在り方と今後の推進方策について（答申のポイント等）」https://www.mext.go.jp/component/b_menu/shingi/toushin/__icsFiles/afieldfile/2016/02/08/1365791_2_2.pdf

うな変化が起きたのか，改めて調査をする必要性があると考えた。とくに，ここで指摘したような，協働本部とCSの連携が，「一体的推進」ではなく，「一元化」といった変質が起きていないのかにも注意を払いながら，2回目の実態調査を行うこととした。これら協働答申後の地域学校協働の実態とそれをめぐる課題については，第4章で検証していくことにしよう。　　　　　【志々田まなみ】

注
1）答申内には，地域連携担当教職員の事例として，学校と地域の連携に関する職務を担当する教職員をおく例や校務分掌に位置づける例や，事務職員をCSの運営の中心的役割に位置づけている例，さらには，社会教育主事有資格者の教員を地域連携担当に位置づけることを積極的に推進している県などの実践例が取り上げられている。
2）地域とともにある学校づくり・学校とともにある地域づくり研究会（研究代表：熊谷愼之輔）編（2015）『学校運営協議会と学校支援地域本部が連携した「地域とともにある学校」のあり方に関する研究報告書』（平成26年度文科省委託調査研究報告書／学校の総合マネジメント力の強化に関する調査研究）岡山大学。
3）協働答申内で地域コーディネーターの対となる地域連携担当教職員の配置についても指摘されていたが，それに関する法整備については同じタイミングでは行われなかった。
4）ここに取り上げた以外にも，校長のリーダーシップをより発揮しやすいよう，学校運営協議会の委員の任命にあたり，校長が意見申出を行える（第3項）ようにしたり，校長のリーダーシップをより発揮しやすい仕組みを設けたり，管理職および教職員の任用に関する意見について，その範囲を教育委員会規則で定められる（第7項）ようにしたり，協議会の運営が適正を欠き，学校運営に支障を来すときには教育委員会が必要な措置を講ずることができる（第9項）ようにしたり，といった改正が行われた。
5）条文は以下のとおり。「学校運営協議会は，前項に規定する基本的な方針に基づく対象学校の運営及び当該運営への必要な支援に関し，対象学校の所在する地域の住民，対象学校に在籍する生徒，児童又は幼児の保護者その他の関係者の理解を深めるとともに，対象学校とこれらの者との連携及び協力の推進に資するため，対象学校の運営及び当該運営への必要な支援に関する協議の結果に関する情報を積極的に提供するよう努めるものとする」。

第4章
地域学校協働システムの構築に向けて
～コミュニティ・スクールと地域学校協働本部の連携の可能性～

| 1 | CS と協働本部の連携の実態 |

　本研究グループは，地域本部事業への着目を契機として，CS と地域本部との連携に研究関心を広げてきた。その結果，両者の間の連携の有無やあり方が，CS と地域本部のそれぞれが担っている固有の役割の実効性にきわめて大きな影響を及ぼしていることを指摘するに至った。そのことは，第2章ですでに論じたところであるが，第3章で述べたように，協働答申を経た今日，CS と地域本部との関係以上に，CS と協働本部の連携のあり方は，「一体的な推進」をめぐる懸念が拭えない。そこで本章では，CS と地域本部あるいは協働本部との連携に関して，本研究グループが実施した2013年度の全国的なアンケート調査（以下，2013調査）と2017年度のそれ（以下，2017調査）との比較を行い，4年間の経年変化の検証を通じて，今後の連携・協働のあり方を探る。なお，本章において，CS 指定校といった際には，義務教育段階にあたる小学校と中学校，および義務教育学校にその対象を限定し，高等学校はひとまず検討の対象としない。

　まずは，調査の対象候補となった CS 指定校数および地域本部／協働本部（2013調査の時点では地域本部であったが，協働答申後の2017調査の時点では協働本部となったため，以下，地域本部／協働本部）の事業を実施する自治体数を確認したうえで，それら自治体において CS に指定されている学校数を表4.1に示す。

　第3章で述べたように，CS を規定した地教行法が改正され，学校運営協議会の設置がいわゆる「努力義務」となるのは2017年4月であるが，実態とし

表 4.1　調査の対象に関する基礎データ

	2012 年度	2016 年度
CS 指定校数	1,183	2,806
地域本部／協働本部の事業を実施する自治体数（市区町村数）	125	716
上の自治体において CS に指定されている学校数（＝調査の対象とした学校数）	477	1,756

ても 2012〜2016 年度にかけて CS の導入は急速に進んでおり，CS に指定されている学校は 1183 校から 2806 校へと約 2.4 倍に増加していた。地域本部／協働本部の事業を実施する自治体は，そのペースを上回って 125 市区町村から 716 市区町村へと 5.7 倍の増加となっていた。

　以上をふまえ，地域本部／協働本部の事業を実施している自治体が設置している CS 指定校の数をみると，2012 年度の 477 校から 2016 年度の 1756 校へと約 3.7 倍に増加していた。その 477 校が 2013 調査の，1756 校が 2017 調査のアンケート票の配布対象である。ここで，焦点を CS 指定校に移してみると，その設置自治体が併せて地域本部／協働本部の事業を実施している学校の割合は，2012 年度の 40.3％（477/1183）から 2016 年度の 62.5％（1756/2806）へと増加していることが確認できた。本研究グループは，それらの学校に 2013 調査では「学校支援地域本部事業と学校運営協議会制度の運営に関する調査」と題したアンケート票を 2013 年 8 月に，2017 調査では「地域学校協働活動と学校運営協議会制度の運営に関する調査」と題したアンケート票を 2017 年 12 月に郵送し，それぞれ回答を求めた。その際，2013 調査と 2017 調査のいずれも「校長先生または学校運営協議会を担当されている先生など現状を把握されている先生」が回答してくださるよう依頼した。両アンケート調査票の配布数と回収率，および項目を表 4.2 に示す。

　ここでは，2013 調査と 2017 調査の結果の間に顕著な差が認められた点を 3 つ指摘しておこう。

　第一に，地域と学校をつなぐ地域コーディネーターの配置状況である。地域

表4.2　アンケート調査票の回収率と項目

	2013 調査	2017 調査
配布数	477 校	1,756 校
回収率	50.7%（242 件）	65.0%（1,141 件）
問1	学校種	「学校運営協議会」の設置形態
問2	「学校運営協議会」の設置年月	「学校運営協議会」の開催数
問3	「学校運営協議会」の構成人数	「学校運営協議会」の委員になっている教員の立場
問4	「学校運営協議会」を設置した経緯や要因	「学校運営協議会」と「学校支援地域本部（地域学校協働本部）」のどちらが先に設置されたか
問5	「学校運営協議会」の開催数	「地域コーディネーター」の有無と，「地域コーディネーター」が「学校運営協議会」の委員に入っているか
問6	「学校運営協議会」の委員になっている教員の立場	「学校支援活動」に参加してくれる方の属性
問7	「学校運営協議会」における，「学校支援地域本部事業」（学校支援ボランティアの活動）に関する話題の取り上げられ方	「学校支援活動」のなかで，学校と地域とが協働して，教育課程内の授業づくりを進めている活動の有無とその概要
問8	「地域コーディネーター」の人数	「学校支援活動」の企画・運営に関する審議の過程において，学校教員と地域住民のどちらが中心となっている傾向にあるか
問9	「地域コーディネーター」が「学校運営協議会」の委員に入っているか	「学校支援活動」の方針や事業内容等を企画・立案する機能を担っているのは，「学校運営協議会」か，それとも「学校支援地域本部／地域学校協働本部」等の別の組織か
問10	「学校支援地域本部事業」として実施している活動	問9の組織の名称と，その組織の構成員が「学校運営協議会」の委員となっているか

問 11	「学校支援地域本部事業」の中で，地域住民と教員が協働して企画・運営している活動の有無とその概要	学校と地域の連携・協働に関わる場面別に，どのような話題がどのくらいの頻度で話し合われるか
問 12	「学校支援地域本部事業」の方針を企画・立案する「地域教育協議会」等の組織の有無	CS として「学校支援活動」に取り組んでいる成果の認識
問 13	問 12 の組織の委員構成と，「地域コーディネーター」が問 12 の組織の委員に入っているか	「学校運営協議会」と「学校支援地域本部（地域学校協働本部）」の並立に関する今後の運営方針
問 14	「学校支援地域本部事業」の企画内容に関する審議の過程において，学校教員と地域住民のどちらが中心となっている傾向にあるか	
問 15	「学校運営協議会」と「学校支援地域本部事業」の並立のメリット	
問 16	「学校運営協議会」と「学校支援地域本部事業」の並立のデメリット	
問 17	CS として「学校支援地域本部事業」に取り組んでいる成果の認識	

コーディネーターは，地域本部事業が国の委託事業としてスタートした際，自治体にとってはその配置が受託にあたっての条件となっていた。そのため，地域本部事業の導入当初は，自治体ごとに少なくとも 1 名は配置されていたといういきさつがある。その地域コーディネーターが，ボランティアと学校や教職員とをつなぐにとどまらず，地域本部／協働本部と CS との橋渡し役も担いながら地域と学校との連携を推進しているケースが，全国の地域本部／協働本部の事業のなかで先駆的な事例をみてみると多くあった[1]。地域コーディネーターの存在は，地域本部／協働本部の事業にとって大きな特色であり，アピールポイントであった。

　ただし，地域コーディネーターの実際の配置となると，自治体によってさまざまである。各学校に 1 名ずつの配置とは限らず，中学校区に 1 名とか，市町

村全体に1名など，一人の地域コーディネーターが複数の学校を担当する場合もあれば，1つの学校に複数名を配置している自治体もある。そこで，地域コーディネーターの配置状況，ならびに地域コーディネーターがCS委員を兼務しているかどうかについて尋ねた結果が表4.3である。分析に用いた項目は，2013調査の問8と問9および2017調査の問5である。

表4.3　地域コーディネーターの配置状況

		2013 調査		2017 調査	
		校数	%	校数	%
配置されていない		32	15.2	191	22.8
配置されている		178	84.8	648	77.2
委員兼任状況	1人いてCS委員を兼任	90	50.6	344	53.1
	複数人いてCS委員を兼任	53	29.8	194	30.0
	1人いるがCS委員ではない	30	16.9	92	14.2
	複数人いるがCS委員ではない	5	2.8	18	2.8

　地域コーディネーターが配置されていないと回答した学校は，2013調査において15.2%で，2017調査では22.8%に上り，8ポイント近く増加している。その背景には，自治体がそもそも配置していないとか，あるいは学校がコーディネーターの配置を認識していないということがある。たとえば，一人の地域コーディネーターが複数の学校を担当するような場合，当該コーディネーターの拠点となっている学校は配置されている恩恵に浴しやすいのだろうが，そうでない場合には，コーディネーターが配置されているメリットを感じにくいのだろう。学校と地域をつなぐキーパーソンがいないと認識している学校が増えているということは，地域本部／協働本部やCSの運営を負担に感じている学校が増加している傾向を示唆している。

　地域コーディネーターが配置されている学校のうち，地域コーディネーターが複数いると回答した学校の割合は，2013調査で32.6%，2017調査で32.8%とほぼ横ばいであった。国立教育政策研究所が2015年度に実施した地域学校

協働活動の実施状況アンケート調査（コーディネーター調査）によれば、「コーディネーターとして感じている協働本部事業の課題」の筆頭に「コーディネーターの後継者が育成されていない」があげられており、第3位にも「コーディネーターを継続して担う人材がいない」と、コーディネーターをめぐる現状が問題視されていた[2]。つまり、コーディネーターがたとえ配置されていたとしても、一人きりの体制では事業の継続性やコーディネーターの経験の安定した継承などに課題が残る。それだけに今後は、コーディネーターの複数配置の進展が望まれる。

　また、少なくとも1名以上の地域コーディネーターがCS委員を兼務している学校の割合が、2013調査の80.4%から、2017調査では83.1%と、3ポイント弱ではあるが高くなっていたことにも言及しておきたい。CSと地域本部／協働本部との連絡調整を円滑に行いやすい体制づくりが、ゆっくりとではあるが浸透している傾向がうかがえる結果であった。

　第二に、学校支援活動の内容の深まりについてである。地域住民による学校支援活動の内容は、登下校の見守りや校内環境整備（図書館整備や花壇づくりなど）といった、学校の教育活動に直接かかわらない支援ほど普及しやすく、学校行事の補助や教育課程外の活動におけるゲスト・ティーチャーとしての活動、さらには教育課程内の授業づくりといった、学校教育の中核にまで踏み込んだ支援になるほど取り組まれにくいとの指摘がある[3]。そこで、本研究グループは、教育課程内の授業づくりに着目し、2017調査では、「『学校支援活動』のなかで、学校と地域とが協働して、総合的な学習の時間や特別活動を含む教育課程内の授業づくりを進めている活動」が実施されているか否かを尋ねた（問7）。その結果、72.1%の学校では、地域と協働して「教育課程内の授業づくり」に取り組んでいることが明らかとなった。ちなみに、2013調査では、「『学校支援地域本部事業』（学校支援ボランティアの活動）として実施している活動」について質問しており（問10）、その回答によると、最もよく取り組まれているのは、「総合的な学習の時間」におけるゲスト・ティーチャーで64.2%、次いで「教科学習の支援（『総合的な学習の時間』を除く）」が62.3%

となっていた。また，2013調査では，活動の内容を問わず広く「『学校支援地域本部事業』のなかで，地域住民と教員が協働して企画・運営している活動」の有無についても尋ねているが（問11），それでも「ある」を選択した回答は，51.9％にとどまっていた。

　そうした傾向を表4.4に示す。質問の内容が似通っているとはいえ2017調査と2013調査のそれでは，その意図も形式も異なっているため単純に比較することはできないが，学校支援活動の内容は，学校教育の外縁に位置するものから教育課程という中核にかかわるレベルにまで深まってきていると捉えても大きく間違ってはいないだろう。

表4.4　学校支援活動の内容

2013 調査		
	校数	％
「総合的な学習の時間」におけるゲスト・ティーチャー	138	64.2
図書室や花壇等の校内環境整備	138	64.2
教科学習の支援（「総合的な学習の時間」を除く）	134	62.3
通学路の見守りなど子どもの安全確保	131	60.9
学校行事等の運営支援	130	60.5
読み聞かせ・読書活動の支援	121	56.3
部活動の指導	49	22.8
その他	26	12.1
地域住民と教員が協働して企画・運営している活動	110	51.9
2017 調査		
『学校支援活動』のなかで，学校と地域とが協働して，総合的な学習の時間や特別活動を含む教育課程内の授業づくりを進めている活動	605	72.1

　第三は，学校支援活動の成果に対する学校側の認識についてである。第2章で論じたとおり，協働本部の前身である地域本部の事業は，地域住民が学校支援をおこなうことで，①学校や地域の教育活動のさらなる充実を図るだけでな

く，②地域住民の学習成果を生かす場の拡大や，③地域の教育力の向上がねらいとして掲げられていた[4]。これら3つのねらいは，地域本部事業から協働本部の事業へと継承されると捉えるのが妥当であろう。そのように考え，2013調査（問17）と2017調査（問12）では，CSとして学校支援活動に取り組んでいる成果の認識をそれら3つのねらいの観点をふまえながらそれぞれ尋ねた。両調査とも回答は，「そう思う」「どちらかといえばそう思う」「どちらかといえばそう思わない」「そう思わない」の4段階で求めた。その結果を取りまとめたのが表4.5である。

表4.5　学校支援活動の成果の認識の経年変化

	学校の教育活動が充実・改善した				地域住民の学習成果を生かす機会となっている				大人も子どもも含めた住民の学び合いが活発になった			
	2013調査		2017調査		2013調査		2017調査		2013調査		2017調査	
	校数	%	校数	%	校数	%	校数	%	校数	%	校数	%
そう思う	73	34.4	394	47.0	25	11.8	145	17.3	14	6.6	97	11.6
どちらかといえばそう思う	113	53.3	388	46.2	98	46.4	386	46.0	109	51.7	418	49.9
どちらかといえばそう思わない	14	6.6	38	4.5	67	31.8	251	29.9	75	35.5	259	30.9
そう思わない	12	5.7	19	2.3	21	10.0	57	6.8	13	6.2	64	7.6

　どの観点からみても，「そう思う」と「どちらかといえばそう思う」を合計した肯定的回答が半数を大きく超えており，成果を実感できている学校が多かったことがわかる。また，2013調査と2017調査の結果を比較すると，成果を実感している学校の割合も増えていた。しかも，いずれの観点においてもその増加分は，「どちらかといえばそう思う」という控えめな肯定ではなく，「そ

う思う」という明確な肯定を選択した回答が増えたことによってもたらされていた。CS として学校支援活動の取組が継続されることで，その成果がいっそうはっきりと認識されるようになっていた。

　しかし，気がかりな点もある。2017 調査でみると，観点①「学校の教育活動が充実・改善した」については 9 割を超える学校が実感できていたのに対し，観点②「地域住民の学習成果を生かす機会となっている」や観点③「大人も子どもも含めた住民の学び合いが活発になった」のような地域住民の学習活動の活性化が実感できていた学校の割合は 6 割程度にとどまっていた。こうした傾向は 2013 調査についても同様であり，学校の教育活動の充実をみる観点①と，地域住民の学習活動の充実をみる観点②と③の肯定的回答の割合の差は，5 年を経てもほとんど縮まっていなかった。そのことはすなわち，地域本部から協働本部へと看板を掛けかえて「連携」から「協働」へと活動の深化を標榜していたとしても，実際には，地域と学校が「連携」した学校支援活動にとどまっており，両者が「協働」した「地域学校協働活動」への質的な変化を遂げていない，見方を変えれば，協働本部とはいっても地域本部と変わらず「いわば"地域につくられた学校の応援団"」[5]のままでよしとされていることが懸念されるのである。

　以上，地域本部／協働本部を有する CS の 4 年間にわたる変化を，ここまでみてきた。まずは，この 4 年の間に学校支援活動を実施するための体制は，CS と地域本部／協働本部の両側面から整備が大きく前進していたことが確認できた。なかでも，CS 指定校であって地域本部／協働本部の事業を実施している学校の割合が増加していることは，注目に値する結果であった。そうした学校支援活動の量的な拡充に加え，第一に地域コーディネーターが CS 委員を兼務している状況，第二に学校支援活動の内容の深まり，第三に学校支援活動の成果という 3 点からみえてきたのは，学校支援活動の質的な向上であった。

| 2 | 運営類型からみた連携の経年変化 |

本節では，第2章で論じたⅠ～Ⅳ型の4タイプを用いて，2013調査と2017調査の結果の比較を行い，経年変化について考察を試みる。

分類の縦軸とした，地域住民による学校支援活動が，「学校主導」と「地域主導」のどちらで進められているのかという視点で尋ねた結果をグラフで示したのが図4.1である。2013調査（問14）では，「地域主導」（「地域住民が中心」＋「どちらかといえば地域住民が中心」）が29.8％，「学校主導」（「学校教員が中心」＋「どちらかといえば学校教員が中心」）が70.2％であった。2017調査（問8）では，「地域主導」が19.2％，「学校主導」は80.8％であった。4年の間に，

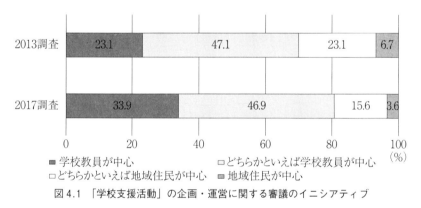

図4.1 「学校支援活動」の企画・運営に関する審議のイニシアティブ

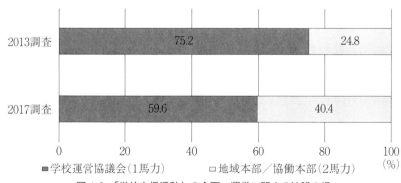

図4.2 「学校支援活動」の企画・運営に関する協議の場

「地域主導」という回答は10ポイント近く減少し，反対に「学校主導」の回答は10ポイント以上も増加していた。

　次いで，分類の横軸とした問について得た回答を整理したのが図4.2である。2013調査では，「地域本部」の事業の方針を企画立案する「地域教育協議会」等の有無（問12）によって分析を行ったが，2017調査の時点では，「地域教育協議会」という用語を目にしなくなっていたことから，「学校支援活動の方針や事業内容を企画立案する機能」が学校運営協議会にあるのか地域本部／協働本部にあるのか（問9）という視点から分類を行った。2013調査と2017調査では，問の表現は異なっているものの，その意図は共通している。すなわち，「学校支援活動の方針や事業内容を企画立案する機能」が学校運営協議会に一元化されているのか，あるいは，「地域教育協議会」などが組織されていたり，地域本部／協働本部がそうした役割を学校運営協議会とは別に果たしていたりするのかを判別しようとした。前者の場合は，協議の場が1つだけで，その場の実質的な運営の中心は学校である。それに対して，後者の場合は，協議の場が学校とは別に地域にもあり，実質的な運営も学校と地域住民のそれぞれが互いに中心となる。いわば，前者の体制は1馬力であるのに対して，後者の出力は2馬力以上となっていると捉えることができる。

　2013調査では，協議の場が学校運営協議会に一元化されていると思われる回答が75.2％，「地域教育協議会」等が担っているという回答が24.8％であった。2017調査では，前者が59.6％，地域本部／協働本部という回答が40.4％であった。4年の間に，学校支援活動の方針などに関する協議の場を，学校運営協議会と回答する学校は16ポイント近く減少し，学校運営協議会とは別で地域本部／協働本部と回答する学校はその分増えていた。

　以上をふまえ，さらにそれら縦軸と横軸を交差させて導き出される，連携の4タイプを用いて経年変化をみてみよう。図4.3は，各象限ごとに下から上に向かって「2013調査の結果→2017調査の結果」を書き込んだものである。

　学校運営協議会と地域本部／協働本部がひとまず別物の仕組みとしてそれぞれにあるという状態のⅠ型は，2013調査の14.0％から，2017調査の28.8％へ

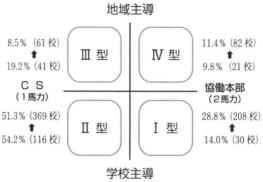

地域主導

8.5% (61 校)　Ⅲ 型　Ⅳ 型　11.4% (82 校)
19.2% (41 校)　　　　　　　　9.8% (21 校)

CS　　　　　　　　　　　　協働本部
(1馬力)　　　　　　　　　　(2馬力)

51.3% (369 校)　Ⅱ 型　Ⅰ 型　28.8% (208 校)
54.2% (116 校)　　　　　　　14.0% (30 校)

学校主導

図4.3　4類型別にみた経年変化

　と倍増していた。学校運営協議会が地教行法によって努力義務化され，地域学校協働活動が社会教育法によって地方自治体の事務と定められた今日，両者の設置数は単純に増加していくであろうし，その結果，両者が併存する学校も純増となることが予想される。ただし，このⅠ型は，学校支援活動を学校が主導するため，地域本部／協働本部は単なる学校支援ボランティアの供給源となりがちで，したがって，そこに展開される活動を協働と呼ぶに当たらない。Ⅰ型は2馬力を擁するはずだが，一方の出力が十分に発揮されていないため，駆動力としては2馬力に及んでいない。しかも，学校が主導する学校支援活動であるがゆえに，その活動は学校にとって好都合である一方，学校の管理職は，学校運営協議会と地域本部／協働本部の2つの組織を維持することを負担に感じる傾向にあった。そのようなⅠ型が今後も増加していくことは，組織の持続性という観点から不安が残る。

　地域本部／協働本部の協議の場が学校運営協議会に一元化されており，したがって，協議の主導権が学校にあるⅡ型は，2013調査の時点で54.2％と最も多くを占め，2017調査でも引き続き最多を占め，その割合はわずかに減少しているものの51.3％であった。第2章で論じたとおり，Ⅱ型は，協議の機能を学校運営協議会に一元化することで学校のニーズを忠実に満たすという意味では効率的な学校支援活動が展開できるものの，それらの活動が地域住民の学

習活動の活性化へと発展しにくいという点で，学校づくりと地域づくりの好循環を生み出すには出力不足が否めない。また，Ⅱ型の仕組みのキーパーソンである校長や地域コーディネーターといった個人のパワーに大きく依存しているため，運営の継続性や活動の安定性といった面でも心もとない。

　Ⅲ型は，地域本部／協働本部の協議の場が学校運営協議会に一元化されている点ではⅡ型と同じだが，学校支援活動において地域がイニシアティブを発揮している点でⅡ型と異なる。そのため，学校支援活動を充実させることが地域住民の学習活動の活性化を促すことにつながりやすい。そのようなⅢ型が，2013調査の19.2%から2017調査の8.5%へと，半分以下にまで減少していた。

　地域本部／協働本部の協議の場が学校運営協議会に一元化され，出力が1馬力に絞られてしまっている点で共通するⅡ型とⅢ型は，ともに減少傾向にあるが，学校主導のⅡ型と比較すると地域主導のⅢ型は減少幅がずいぶんと大きい。このことは，学校支援活動の協議の場が学校サイドに一元化されてしまうと，学校教育についてはもとより素人の地域住民としては，善意から学校の意を汲む傾向が強くなり，アイデアや企画を学校に任せがちとなって当事者意識が薄れ，受け身になりやすいという事情が考えられる。そのように捉えると，学校支援活動にかかる協議を学校運営協議会の機能の1つに追加した地教行法の改正は，その意図が学校支援活動を通じて地域住民の学校運営への主体的な参画を引き出すことにあったにもかかわらず，相反する実態を加速させる側面を併せもっていると指摘できそうだ。

　Ⅳ型は，学校支援活動にかかる協議の場が学校運営協議会と地域本部／協働本部の2つあり，なおかつ，それら2つの仕組みがうまく連動するよう両者の組織的なつながりを保つ工夫がなされているところに特徴がある。出力としてはⅠ型と同じ2馬力だが，Ⅳ型の2馬力は同じ方向に向かって連動させるよう仕組まれているぶん，それぞれが思いのまま進むⅠ型の2馬力よりも，大きな駆動力を発揮できる，そうした体制となっている。そのⅣ型は，全体に占める割合としては，2013調査で9.8%，2017調査で11.4%とわずか1.6ポイントの微増にとどまり，量的な変化はあまりみられなかった。

地域住民が主導する地域本部／協働本部には，学校のニーズに応じた活動にとどまらない，多様な学校支援活動を展開している先駆的な事例も多くみられ，Ⅳ型は地域と学校との関係が協働へと深まりやすい運営タイプとして評価できる。2013調査から2017調査にかけて，Ⅳ型がほとんど増えていないという実態は，地域学校協働活動の浸透と定着には時間がかかるともいえるが，同時期にⅠ型が倍増していることを考え合わせると，地教行法と社会教育法に基づいて学校運営協議会の設置と地域学校協働活動の導入が進む今こそ，地域学校協働本部のような地域住民が主導する体制づくりが強く求められる。

| 3 | 「両輪」が「一体的・効果的」な機能を発揮するために |

　第3章において言及したとおり，協働答申では，これまでの地域本部などから協働本部への発展には，次の3点，「①コーディネート機能を強化し，②より多くの，より幅広い層の地域住民の参画を得て，活動の幅を広げ，③継続的な地域学校協働活動を実施していくこと」が必須の要素とされている。それをふまえて本節では，①コーディネート機能の強化，②幅広い地域住民による幅広い活動，③活動の継続性という3つの側面から，CSと地域本部／協働本部との連携の鍵を握る要因について示してみたい。

　第1節でふれたように，地域コーディネーターの設置は，地域本部／協働本部の事業ならではの特色であり，かつ，地域コーディネーターは事業の成否を左右するほど重要な役割である。コーディネート機能が最大限に発揮されるよう，地域コーディネーターの複数配置やCS委員との兼務が進んでいる経年変化についてはすでに述べたとおりである。そこで，2017調査で把握した実態をⅠ～Ⅳ型の運営類型を用いて，「コーディネート機能の強化」という側面から改めて検討してみよう。

　4タイプのうち，地域コーディネーターの配置率（問5）が最も高かったのは，Ⅳ型の93.9%，次いでⅠ型の87.5%，Ⅲ型の82.0%と続き，Ⅱ型が67.8%で最も低かった。さらに，地域コーディネーターが配置されているデー

タに絞って，複数配置を行っている割合（問 5）をみてみると，Ⅳ型：53.2％
＞Ⅰ型：36.3％＞Ⅲ型：34.0％＞Ⅱ型：26.5％の順であった。また，地域コー
ディネーターが CS 委員を兼ねている割合（問 5）については，Ⅲ型：90.0％
＞Ⅳ型：87.0％＞Ⅱ型：86.7％＞Ⅰ型：79.7％の順であった。

　地域コーディネーターの複数配置や CS 委員の兼務といったコーディネート
機能の充実が全体としてみると進んでいるとの第 1 節における指摘を想起しな
がら，運営類型別の結果を比較してみると，連携のタイプによって充実の度合
いには思いのほか開きがあることがわかる。地域コーディネーターの配置はも
ちろんのこと（93.9％），その配置は複数であり（53.2％），しかも，そのうち
の少なくとも 1 名は CS 委員でもある（87.0％），そのような充実した体制を敷
く傾向にあるのは，Ⅳ型といえるだろう。もっとも地域コーディネーターの配
置率という観点からは，Ⅰ型（87.5％）やⅢ型（82.0％）も決して見劣りしな
い。しかし，Ⅰ型とⅢ型の場合，配置はしていてもその内の約 3 分の 2 は一人
配置であった（Ⅰ型：63.7％，Ⅲ型：66.0％）。加えてⅠ型の場合，地域コー
ディネーターが CS 委員を兼ねている割合が 4 タイプのなかで最も低く
（79.7％），CS と協働本部とのつながりという点から課題がみられた。Ⅰ型と
Ⅲ型のどちらも，コーディネート機能の充実という側面においてⅣ型に及ばな
い。

　ほかのタイプと比較すると，そもそも地域コーディネーターの配置の有無と
いうところから状況が芳しくないのがⅡ型であった。Ⅱ型の 32.2％の学校が
地域コーディネーターはいないと認識しており，配置している場合でも複数が
配置されている学校の割合は 26.5％と，Ⅳ型からは 30 ポイント近く，Ⅰ型お
よびⅢ型からは 10 ポイント近く低かった。地域と学校をつなぐコーディネー
ターが配置されていないのだから，協議も学校支援活動も，「学校主導」で取
り仕切らざるを得ないという一面が，Ⅱ型の場合にはありそうだ。

　次いで，「幅広い地域住民による幅広い活動」という側面から，2017 調査の
結果を掘り下げて検討してみよう。協働本部の事業として多様な活動が展開で
きれば，参画する地域住民の層の広がりが期待できそうである。しかし，多様

な活動と一括りにいっても,「協働」という視点からみると,それぞれの活動の質には相違があるだろう。活動の多様さよりも,その多様な活動のなかに,「協働活動」と呼べる,あるいは「協働活動」の萌芽となるような取組が含まれていることが肝要となる。そのように考えると,どのような活動が,「協働」につながるのかという点について明らかにすることが求められる。

そこで,「学校運営協議会を有するコミュニティ・スクールとして学校支援活動に取り組んでいる成果」の認識(問12)を左右している要因は何かをクロス集計で探った。「協働」につながる活動であれば,学校の教育力の向上を示す成果「学校の教育活動が充実・改善した」のみならず,地域の教育力の向上を意味する2つの成果,「学校支援活動が,地域住民の生涯学習の成果を生かす機会になっている」と「学校支援活動を通じて,大人も子どもも含めた住民の学び合いが活発になった」についても,学校は肯定的回答を選択するはずだ。そうしたところ,統計的な有意差を確認できたのは,「学校と地域とが協働して,教育課程内の授業づくりを進めている活動」の有無(問7),および「学校支援活動の企画・運営に関する審議の過程において,学校教員と地域住民のどちらが中心となっている傾向にあるか」(問8)についての回答データとのクロス集計であった。

まずは,学校支援活動の成果の認識を,学校支援活動が「学校主導」であるのか「地域主導」であるのかの観点からクロス集計した結果を表4.6に示す。上述した3つの成果のいずれに関しても,それぞれ表の上から下に向かうほど,すなわち「学校主導」から「地域主導」に傾くほど,「そう思う」と成果を明確に認識している学校の割合が高くなっていた。学校支援活動であるだけに,地域本部／協働本部が設置されていても,「学校教員が中心」とならざるを得ない局面がさまざまにあるのかもしれないし,また,「学校主導」のほうが効率的である場合も少なくないのかもしれない。しかし,学校支援活動だからこそ学校教員から地域住民へと企画・運営の協議の中心を移していかなければ,学校にとっては,負担に見合うだけの支援が得られているとは感じられなくなるだろうし,学校からは,いつも限られた地域住民に対して同じような依頼が

表 4.6　審議のイニシアティブ別にみた学校支援活動の成果の認識

	そう思わない		どちらかといえばそう思わない		どちらかといえばそう思う		そう思う	
	校数	%	校数	%	校数	%	校数	%
学校の教育活動が充実・改善した **								
学校教員が中心	6	2.1	21	7.5	148	52.9	105	37.5
どちらかといえば学校教員が中心	9	2.3	14	3.6	172	44.1	195	50.0
どちらかといえば地域住民が中心	2	1.6	2	1.6	57	44.5	67	52.3
地域住民が中心	1	3.3	0	0.0	10	33.3	19	63.3
学校支援活動が，地域住民の生涯学習の成果を生かす機会になっている **								
学校教員が中心	29	10.4	98	35.0	117	41.8	36	12.9
どちらかといえば学校教員が中心	21	5.4	110	28.3	189	48.6	69	17.7
どちらかといえば地域住民が中心	3	2.3	35	27.1	64	49.6	27	20.9
地域住民が中心	3	10.0	7	23.3	11	36.7	9校	30.0
学校支援活動を通じて，大人も子どもも含めた住民の学び合いが活発になった ***								
学校教員が中心	30	10.8	101	36.2	124	44.4	24	8.6
どちらかといえば学校教員が中心	25	6.4	117	30.1	203	52.2	44	11.3
どちらかといえば地域住民が中心	3	2.3	33	25.6	77	59.7	16	12.4
地域住民が中心	5	16.7	7	23.3	10	33.3	8	26.7

**P＜0.01　***P＜0.001

繰り返されるばかりで，地域にとっては，参画する地域住民の層の広がりも活動の多様さも実現できないであろう。

つぎに，学校支援活動の成果の認識についての回答データと，「学校と地域とが協働して，教育課程内の授業づくりを進めている活動」の有無（問7）についてのそれとでクロス集計を行った結果を示したのが表4.7である。学校と地域住民による授業づくりに取り組んでいる学校のほうが，そうでない学校よりも学校支援活動の成果を感じ取っている割合が高かった。「学校の教育活動の充実・改善」について肯定的回答をした学校は，授業づくりの活動ありの学校ならば94.7%，活動なしの学校では89.7%であった。「地域住民の生涯学習の成果を生かす機会」については，授業づくりの活動ありの学校ならば

表4.7　教育課程内の授業づくりの活動の有無別にみた学校支援活動の成果の認識

	そう思わない		どちらかといえばそう思わない		どちらかといえばそう思う		そう思う	
	校数	%	校数	%	校数	%	校数	%
学校の教育活動が充実・改善した ***								
課程内の授業づくりを支援している	15	2.5	17	2.8	257	42.7	313	52.0
課程内の授業づくりを支援していない	4	1.7	20	8.6	130	55.8	79	33.9
学校支援活動が，地域住民の生涯学習の成果を生かす機会になっている ***								
課程内の授業づくりを支援している	37	6.1	153	25.4	291	48.3	121	20.1
課程内の授業づくりを支援していない	20	8.6	97	41.6	93	39.9	23	9.9
学校支援活動を通じて，大人も子どもも含めた住民の学び合いが活発になった ***								
課程内の授業づくりを支援している	39	6.5	158	26.3	328	54.6	76	12.6
課程内の授業づくりを支援していない	25	10.7	99	42.5	88	37.8	21	9.0

*** $P < 0.001$

68.4％，活動なしの学校では 49.8％であった。「大人も子どもも含めた住民の学び合い」については，授業づくりの活動ありの学校ならば 67.2％，活動なしの学校では 46.8％であった。学校の教育力に直接かかる「学校の教育活動の充実・改善」であれば，授業づくりの活動の有無による差は 5 ポイント程度であったが，地域の教育力にかかる「地域住民の生涯学習の成果を生かす機会」と「大人も子どもも含めた住民の学び合い」の項目については，授業づくりの活動の有無による差はおよそ 20 ポイントに及んだ。

　ヒンメルマン（Himmelman, A.）によれば，相互に役割と責任を分担しあう経験の積み重ねが，互いにイニシアティブを発揮しあう「協働」の関係を構築していく[6]。そのような活動の 1 つとして，本研究グループは，学校と地域住民による，教育課程内の授業づくりを重視してきた経緯がある。教育課程内の授業づくりに学校と地域住民がともに従事することで，学校の教育活動の充実はもちろんのこと，地域住民の学習活動の活性化が促されていた。そのことは，学校の教育力と地域の教育力の双方の向上がもたらされていることを意味しており，学校と地域住民による，教育課程内の授業づくりは，両者を「協働」と呼ぶにふさわしい関係へと向かわせることが確認できた。また，学校支援活動のなかでも，学校教育の外縁に位置するものよりも，教育課程という学校教育の中核にかかわるレベルの取組のほうが，学校と地域の協働関係の構築にとっては，重要な鍵を握っているともいってよいだろう。

　最後に，「活動の継続性」という側面から考察を行ってみよう。本研究グループは，CS と地域本部／協働本部が互いの弱みを補い，それぞれの強みを活かしていくための，両者の有機的な接続の観点などをふまえた体制，本研究グループが地域学校協働システムと呼ぶ体制の構築が必要であることをこれまで，また本書でも繰り返し述べてきた。しかし，協議の機能を学校運営協議会に一元化しており，学校支援活動のイニシアティブも学校が握っている II 型が，2013 調査と 2017 調査のいずれにおいても最多数で過半を占める実態は変わっていない。そこで，今後はどのような変化が予測されるのか，「学校運営協議会と学校支援地域本部（地域学校協働本部）との 2 つの組織について，今後の

表 4.8　学校運営協議会と学校支援地域本部（地域学校協働本部）の今後の運営方針

	校数	％
今後も 2 つの組織を並立させていきたい	387	47.1
現状は，2 つの組織を並立させているが，今後は 1 つに統合させていきたい	100	12.2
現状は，学校運営協議会のみで，今後も同様	280	34.1
現状は，学校運営協議会のみだが，今後は 2 つの組織を並立させていきたい	55	6.7

運営方針」を尋ねた（問 13）の結果をまとめた表 4.8 を用いてみてみることにしよう。

　最も多かった回答は，「現状は，2 つの組織を並立させており，今後もこの形を続けていきたい」で 47.1％であった。それに対して，「現状は，学校運営協議会のみで運営しており，今後もこの形を続けていきたい」との回答が 34.1％にのぼり，その割合に，「現状は，2 つの組織を並立させているが，1 つに統合させていきたい」の 12.2％を加えると，46.3％を占める結果となった。相互に役割と責任を分担しあう経験を積み重ね，互いにイニシアティブを発揮しあう「協働」の関係づくりのメリットを半数近くの学校が感じている一方で，もう一方の半数近くの学校は，2 つの組織を並立させることで得られるそうしたメリットを感じられないでいる。

　法的根拠をもち，設置が努力義務となった CS と，法に基づくのは活動のみで，その拠り所となる組織として担保されていない協働本部とでは，学校のスリム化が叫ばれる今日，その存在意義が問われ，淘汰の対象となるのは後者であろう。加えて法改正により，学校支援に関する協議の機能を CS の役割に追加したことが，CS と協働本部との相違を以前にも増して理解しにくくさせている現状は，協働本部が有名無実と化してしまう懸念を増幅させる。そうなると，地域学校協働活動のそもそものねらいや考え方も雲散霧消しかねず，継続される活動は，地域と学校が「連携」した学校支援活動であって，両者が「協

働」したそれではない。したがって，継続的な地域学校協働活動の実施は望む
べくもないだろう。

　ここまで，①コーディネート機能の強化，②幅広い地域住民による幅広い活
動，③活動の継続性という３つの側面から，CSと地域本部／協働本部との連
携の鍵を握る要因について探ってきた。その要因の１つとして，①の側面から
は，Ⅰ型からⅣ型まで両者の連携をタイプ化できるなかで，Ⅳ型への志向性，
すなわち２つの組織がそれぞれ独自性を保ちつつ主体性を発揮する関係である
ことが考えられることを指摘した。②の側面からは，学校支援活動が「学校主
導」から「地域主導」に移行することの必要性と，学校と地域住民による，教
育課程内の授業づくりが重要な意味をもつことを示した。③の側面からは，本
研究グループが「地域学校協働システム」と呼ぶ体制の構築が手がかりとなる
ことを確認した。

　以上をふまえ，学校支援活動の成果の認識について，CSと地域本部／協働
本部との連携のタイプ別にみた結果を整理して本章を閉じることとしよう。ク
ロス集計を行った結果を示したのが表4.9である。統計的な有意差を確認でき
たのは，「学校支援活動を通じて，大人も子どもも含めた住民の学び合いが

表4.9　連携のタイプ別にみた学校支援活動の成果の認識

	そう思わない		どちらかといえばそう思わない		どちらかといえばそう思う		そう思う	
	校数	％	校数	％	校数	％	校数	％
学校支援活動を通じて，大人も子どもも含めた住民の学び合いが活発になった **								
Ⅰ型	15	7.3	62	30.1	100	48.5	29	14.1
Ⅱ型	27	7.3	127	34.4	185	50.1	30	8.1
Ⅲ型	1	1.6	12	19.7	42	68.9	6	9.8
Ⅳ型	5	6.2	25	30.9	34	42.0	17	21.0

** $P < 0.01$

活発になった」という成果についてであった。

　学校支援活動の成果を明確に感じ取っている「そう思う」の回答の割合が高い順に４類型を並べてみると，Ⅳ型：21.0％＞Ⅰ型：14.1％＞Ⅲ型：9.8％＞Ⅱ型：8.1％であった。先述したとおり，Ⅳ型への志向性がCSと地域本部／協働本部との連携の鍵を握る要因の１つとなっていることがわかる。さらに，肯定的回答（「そう思う」＋「どちらかといえばそう思う」）の割合が高い順に４類型を並べてみると，Ⅲ型：78.2％＞Ⅳ型：62.2％＞Ⅰ型：62.0％＞Ⅱ型：58.3％となった。２つの結果のいずれにおいても，Ⅱ型の回答の割合は他のタイプに及んでいなかった。このことは看過できない結果である。Ⅱ型は，４類型のうち最も多くを占めるタイプにもかかわらず，学校支援活動の成果を最も認識しにくい傾向を示しているからだ。

　繰り返しとなるが，2013調査から2017調査の４年間に，地域住民が学校に関わる活動は質的にも量的にも充実してきたことを確認した。しかし，CSと地域本部／協働本部との連携のタイプ別にみたデータを用いると，そうした進展が，地域住民の学習活動の活性化によってもたらされている一方で，同時に，学校中心の運営体制，学校の役割の肥大化によっても支えられている面が背景としてあることに警鐘を鳴らしておきたい。　　　　　　　　　【天野かおり】

注
1 ）志々田まなみ・佐々木保孝・天野かおり（2015）「学校とともにある地域づくりを促す『協働』に関する考察」『日本生涯教育学会年報』第36号，p.183-199。
2 ）文部科学省生涯学習政策局社会教育課・国立教育政策研究所（2017）『平成27年度地域学校協働活動の実施状況アンケート調査報告書』p.56-57。https://manabi-mirai.mext.go.jp/document/27houkokushochousakekka.pdf（2021年1月21日最終閲覧）
3 ）同上，p.27。
4 ）スタート文書。
5 ）同上。
6 ）Himmelman, A.（2004）*Collaboration For A Change: Definitions, Decision-Making Models, Roles, and Collaboration Process Guide*, Himmelman Consulting, Minneapolis.

第5章
地域学校協働のマネジメントⅠ
～組織学習論を手がかりに～

| 1 | 地域学校協働システムのデザイン |

（1）地域学校協働を推進する仕組み～両輪体制の意味～

　地域学校協働の効果は，たとえていえば"漢方薬"のようにじっくりと現れてくる。それゆえ，自分たちの地域（学区）に合った漢方薬としての地域学校協働活動を考えて処方するだけでなく，そうした協働活動を意図的・計画的・継続的に服用していくことができるように協働の仕組みをデザインし構築することが何よりも肝要となる。というのも，これまで地域と学校の連携・協働を推進する取組をみると，学校の管理職やコーディネーターなどの個人がキーパーソンになって進めるケースが目立ち，個人の力に依存してしまう傾向がうかがえたからである。一般に，優秀で熱心な個人の存在は，事業の立ち上げ期には強みとして働く。しかし一方で，個人の働きに依存しすぎる組織の体質は，事業運営の継続性や安定性にとって弱点につながりやすい。だからこそ，チームで地域学校協働を推進する仕組みが必要なのである。

　ここまでの本書の考察をふまえると，その理想的な仕組みとして，学校内と学校外の2つの協働の仕組みから成る「地域学校協働システム」を描くことができる（図5.1）。まず，2015年12月に出された協働答申で確認されたように，地域と学校は，お互いの役割を認識しつつ，対等な立場のもとで協働するパートナーの関係にある。とすれば，地域学校協働の仕組みは，学校という組織の枠組み内での協働として考えるだけでなく，地域と学校というそれぞれの組織同士の「組織間協働」としても捉える必要があるだろう。その場合，組織化された学校よりも，「地域の組織化」，つまり「学校外の協働の仕組み」の構築が

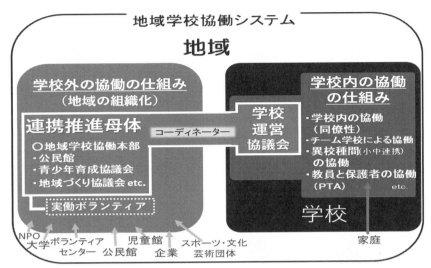

図5.1　地域学校協働システム

先決問題となる。そこで，社会教育のフィールドにおいて地域の人々や多様な団体等のネットワークによって形成される協働本部が，これまでの地域本部などを基盤に整備され，学校との連携・協働を進める「連携推進母体」として中核的な役割を果たすことが期待される。ただし，地域の実情やそれまでの経緯によって，公民館に協働本部をおいたり，青少年育成協議会や地域づくり協議会などが連携推進母体としての役割を果たすケースもみられるように，その組織体制が必ずしも一様である必要はない。漢方の診療が，病気や症状だけでなく，その人の体質も診て，その人に合った漢方薬を処方していくように，地域学校協働を推進する組織や取組にも同じことがいえる。大事なのは，学校のカウンターパートとなって協働を進める組織を地域の特性に合わせて，いかにデザインするかということなのである。

　他方，学校運営協議会も地域学校協働を推進する連携推進母体となりうる。ただし，学校運営協議会はあくまで「学校」の運営協議会であることを見落としてはならない。そのため，学校運営協議会をもつ CS は，「地域とともにある学校づくり」を推進する「学校内の協働の仕組み」と捉えるべきだろう。そ

の役割については後述するが，ここでは，教育課程，とりわけ「社会に開かれた教育課程」の編成などに関して協議し，基本方針を承認することが大切だと指摘しておきたい。

このようにみると，「社会に開かれた教育課程」の実現に向け，地域学校協働活動を効果的・継続的に行うためには，学校教育側のCSと社会教育側の協働本部の連携による一体的な推進の必要性が理解できるだろう。協働答申のなかでも，両者の有機的な接続の観点などをふまえた両輪体制の構築が強く求められている。さらに，あえて機能分化すれば，「地域とともにある学校づくり」を推進するための「学校内の協働の仕組み」としてのCSと，社会教育の体制として「学校を核とした地域づくり」を推進する「学校外の協働の仕組み」である協働本部が，相互に補完し高めあう存在として相乗効果を発揮することで，地域学校協働システムの構築が可能になると考えられる。その際，両者の間をつなぐ「コーディネーター」の役割が重要であることはいうまでもない。

(2) CSへの一元化傾向

しかし，両者の関係に変化が生じてきている。そのきっかけになったのは，2017年の地教行法の改正による学校運営協議会の位置づけの変化である。この改正（第47条の6）で，学校運営協議会の設置が努力義務化され，協議会の役割も従来の学校運営に加え，その「運営への必要な支援に関して協議する機関」という位置づけがなされた[1]。もともとCSは，その強い権限が影響して，導入を躊躇する教育委員会も多く，広がりをみせていなかった。ところが，この改正により一転し，全国の公立学校におけるCSの数も，2010年の629校から，2015年には2389校，そして2020年には9788校へと一気に拡大をみせることになる。もちろん，CSの進展は歓迎すべきことである。ただし，学校運営協議会の位置づけの変化は，そもそもの機能である学校運営への参画よりも学校支援機能を推進することにつながり，CSが協働本部のような役割を果たすようになっている。つまり，一見するとCSと協働本部の違いが不明確になってきているのである。そのため，第4章で示したように，CSの量的拡大

に伴い，両輪で地域学校協働活動を推進するのではなく，CSだけで地域学校協働の推進体制を担う一元化の傾向がうかがわれる。

　協働本部自体のあり方も，この傾向に拍車をかけている。協働答申では，協働本部に必須の要素として，①コーディネート機能，②多様な活動（より多くの地域住民の参画による多様な地域学校協働活動の実施），③継続的な活動（地域学校協働活動の継続的・安定的実施）の３つを位置づけている。注意してほしいのは，ここに考え協議する機能が位置づけられていないことである[2]。それに対して，CSには地域とともにある学校運営に欠かせない３つの機能として，①熟議（熟慮と議論），②協働，③マネジメントが明記されている。これでは，CSの導入（学校運営協議会の設置）に伴って，既存の協働本部を廃止したり，熟議やマネジメントの機能を重視する学校運営協議会の下部組織やボランティアの実働組織として協働本部を存続させてしまい，結局，CSに地域学校協働の推進機能を一元化してしまうのも，むべなるかなといえる。しかも，最近の文科省の資料（図5.2）をみると，CSと協働本部ではなく「地域学校協働活動」との連携や，その一体的推進という表現がみられ，CSへの一元化傾向を後押ししているかのようにみえる。だが，CSは制度，地域学校協働活動は活動であるため，それが対になった一体的推進は適切とはいえないだろう。正しくは，「社会に開かれた教育課程」の理念のもと，地域学校協働活動を展開するために，CSと協働本部の両輪による一体的な推進が図られなければならないと表現されるべきである。

　このような状況や誤解を生むのは，やはりCSと協働本部の違いがわかりづらくなっているためであり，両者が同じような役割ならCSによる一元体制のほうがスリムでよいとの判断からであろう。しかし，繰り返しになるが，学校運営協議会はあくまで「学校」の運営協議会であり，「地域とともにある学校づくり」を進めるために有効なツールである。そのことに関連して，最近，CSにスクール・コミュニティの推進を求める声がある。もちろん，学校がスクール・コミュニティ，言い換えれば「学校を核とした地域づくり」の視点をもち，その点も意識した取組を行っていくことは必要なことである。ただ，

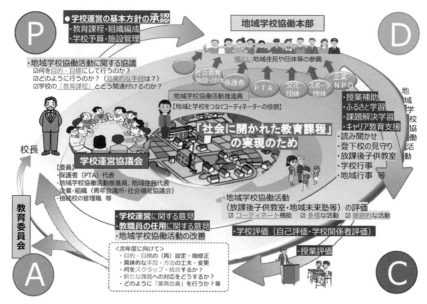

図5.2 「社会に開かれた教育課程」の実現のためのコミュニティ・スクールと地域学校協働
　　　活動の一体的推進
出所：文科省ウェブサイト「学校と地域でつくる学びの未来」

"コミュニティ・スクールとスクール・コミュニティの両方"を，学校側，つまり学校運営協議会だけで推進していくことは，役割分担，さらには学校の負担増の点からも好ましくないだろう。なんといっても，「学校を核とした地域づくり」については，社会教育のフィールドである協働本部等が主導して，学校運営協議会と連携しながら進めていくほうが理にかなっているように思われる。

2　地域学校協働におけるマネジメントの必要性

(1) PDCA サイクルと組織学習

　とはいえ，CS と協働本部の両輪体制も組織的，人的な負担が大きく，CS への一元化もわからないわけではない。とくに，努力義務化による CS の加速度的な進展を考えると，両輪体制をかたくなに主張することは現実的でないだろ

う。そこで，CS に一元化された体制であっても，「地域とともにある学校づくり」と「学校を核とした地域づくり」の2つを戦略的な視点としてもって，地域と学校で共有されたビジョンや目標に基づいた地域学校協働活動に取り組み，その評価を通して次の取組を改善する，つまり「地域学校協働をマネジメントする」ことが必要不可欠になってくる。そのため，地域学校協働においても，マネジメントの代表的な考え方・手法である PDCA サイクルの導入が求められている。PDCA サイクルとは，P（Plan：計画）→ D（Do：実行）→ C（Check：評価）→ A（Action：改善）を段階的かつ循環的に推進し，改善を図るものである（図5.2）。

　このようにみると，地域学校協働では，地域と学校，すなわち教職員や保護者，地域住民といった大人たちによる協議や学びあいを通して，PDCA に代表されるマネジメント・サイクルをともに回していくことが大切になる。そして，そのためには，地域学校協働にかかわる大人一人ひとりの学びだけでなく，学校運営協議会をはじめとした地域学校協働を進める組織自体も学んでいくことが促されるべきであろう。その意味で，大人の学びである「成人学習論」や，学習する主体を組織とする「組織学習論」の研究知見は示唆に富む。とくに，組織が学習していく組織学習論は，地域学校協働のマネジメント・プロセスを解明するうえで鍵を握っていると考えられる。

　組織学習には，「低次学習」と「高次学習」の2つの学習レベルがあるとされる。組織学習の研究者として名高いアージリス（Argyris, C.）とショーン（Schön, D.）も，組織学習には「シングル・ループ学習」と「ダブル・ループ学習」の2つがあるとしている[3]。シングル・ループ学習は「問題を発見し，問題解決に向けて，省察しながら行為を変化させる学習[4]」である。つまり，省察を行うものの，「すでにある考え方や行為の枠組みをそのままにし，それに沿いながら問題の解決を図る学習[5]」といえる。このシングル・ループ学習に代表されるのが低次学習であり，単なる行為の繰り返しや部分修正といった日常的によく組織でみかける適応的な学びである。

　それに対して，ダブル・ループ学習とは，自分たちの行為の基盤となってい

る価値観，信念，前提そのものの見直しをする学習であり，より洗練されたレベルの高次学習に分類される。この高次学習は，出現すれば組織全体に大きな影響を与える高水準の組織学習と位置づけられている。

(2) 教育の事例から考える組織学習

　それでは，教育（学校）にひきつけた場合，組織学習，とりわけ高次学習は，どのように捉えられるだろうか。佐古によって作成された管理職研修の資料である「事例：みんながんばっているのに」（表5.1）をもとに考えてみたい[6]。

　皆さんのなかにも，この事例と似たような経験をされた人も少なくないだろう。というのも，このＡ小学校と同じように，問題の解決に学校のエース級の先生を充てて乗り切ることは常套手段だからである。しかも，この手段が，管理職だけでなく教員にも共有され，当たり前のこととして受けとめられている。つまり，問題の解決にあたって，「教員個々の力量で乗り切ること」が，この学校の組織文化として根付いているのである[7]。そのため，この手段は繰り返し活用され，そこには低次の組織学習が発生しているといえる。ただ，力のある教員に任せて問題解決を図ることは当面の措置として，ある程度の成果をあげており，そうした手段や低次学習自体を否定し，問題視しているわけではない。それよりも注意すべきは，「成功の罠」と呼ばれるように，過去に成功を収めた組織が，その成功を過信するあまり，引き続き従来と同じ手段を繰り返すことで，業績低下に拍車をかける"悪循環"に陥ってしまうことである[8]。すなわち，低次学習に組織全体がはまり込み，高次学習を展開できなくなることが大きな問題なのである。

　それなら，この事例において高次の組織学習として捉えるべきことは何だろうか。それは，高学年になると学級が落ち着かない状況が3年続けて生じており，なぜそのような状態が毎年続くのか，子どもの実態の根底にある要因について洞察・探究することである[9]。しかし，Ａ小学校では，教員個人の力量に任せることによって，子どもの問題は担当教員個人が解決すべきことになる。したがって，それを乗り切ることによって得られた学習も教員個人に留め置か

表 5.1　事例：みんながんばっているのに

　A 小学校は，ある大都市の周辺部に位置するベッドタウンに位置している。住民の入れ替わりの大きい校区である。この小学校では，ここ 3 ヶ年ほど続いて高学年（5 年生）で荒れ（いわゆる学級崩壊や子供が落ち着かない状態）が続いている。

　前年度 4 年生であった学年は，1 学級 39 人であり，児童が落ち着かない状態であった。そこで，新年度になって校長は，加配教員を工面し，新 5 年生を 2 学級に分割（19 人と 20 人）して学年編成を行うことにした。職員会議にもはかり，教員も賛成した。新 5 年生の 2 人の担任は，いずれも教職経験が 15～20 年程度の実績のある教員を充てることにした。

　新学年がはじまり，5 年生は 4 月からざわざわした状態であったが，6 月頃から授業のエスケープがはじまり，7 月頃になって授業の成立が困難になる事態に陥った。校長は，校内で 5 年生の状態に関する情報共有を試みるとともに，保護者にも連絡をして授業公開なども実施したが，子供の荒れはおさまることがなかった。夏休みが明け，2 学期に入ると，授業は成り立たない状態が続き，教員に対するもの投げや学級でのいじめ（特定の女児を対象としたもの）が起こるようになった。それでも担任は，外部（教育研究所など）からのサポートを受けながら，なんとかがんばり続け，3 学期を迎えた。

　3 学期になって，職員室では，「次の 6 年生（つまり今の 5 年生）は誰が担任するか？」が大きな関心事になっていた。教員配置の限界から，新 6 年生は 1 学級編成にすることが校長から打診されていた。ベテランの教員を中心にして多くの教員は，現在 6 年生担当の B 先生に再び 6 年担任になってもらうことを考えていた。

　この学校では，この年度だけでなく，前年度も，また前々年度も，高学年で学級が落ち着かない状態になっている。B 先生は，この学校の「エース」級で，昨年度も荒れていた 5 年生を引き継いでこの年度の 6 年生の担任となり，無事に学年末まで持ちこたえ，卒業式を迎えようとしている。

　この学校の教員はほぼ全員が，高学年だけでなく，どの学級も担任が苦労していると認識している。「この学校の子供はむずかしい。どの教員も大変」というのが，教員に共通した意識である。それとともに，「だからこそ，一人ひとりの担任がしっかりと指導力を発揮し，子供を指導していくしかない」と考えている。

　校長は，この B 先生に来年度も 6 年生の担任をうけてくれるよう，依頼しようと考えた。

出所：佐古秀一（2019）『管理職のための学校経営 R-PDCA』明治図書出版，p.17-18

れ，学校組織の学習へとつながりにくい。たとえつながったとしても，低次の組織学習が繰り返され，学校全体で教育活動を見直したり，そのあり方の変革を試みたりする高次の組織学習が発生する可能性は低いのである。ただし，こうしたことは，なにもA小学校に限ったことではなく，多くの学校でもいえることだろう。

(3) システム思考に基づく地域学校協働

とすれば，学校という組織において，意図的に高次学習をマネジメントすることが求められてくる。安藤が指摘するように，既存のルールや価値観，ものの見方に変革を試み，組織全体に影響を及ぼす高次学習は，組織が意図的にマネジメントしない限り，自然に発生するものではない[10]。しかも，学校現場では，目の前の子どもの問題をなんとかすることに追われ，その問題を生じさせている要因や背景を発見しにくく，じっくりと探究することもできにくい。

だからこそ，多様で異質な，つまり教職員とは異なる視点をもった大人たちとの地域学校協働が必要だといえる。つまり，A小学校の荒れとして表層的に現れてきている症状を単に学校がかかえる問題として近視眼的にみるのではなく，学校・家庭・地域の全体的なつながりと相互作用のなかで問題を本質的に捉えて改善しようとする見方や考えが重要になってくる。これこそ，漢方薬としての地域学校協働の強みといえるだろう。

このように地域と学校が相互に関連しあう一連のシステムとしてつながっているという見方や考え方は，まさにセンゲが「学習する組織論」で重視するところの「システム思考」に他ならない。システム思考とは，「視点を自由に変えることを通して，様々なレベルで物事のつながりと全体像を見るものの見方[11]」と一般的に定義される。たとえば，1つの結果が生じた因果関係を考えようとした場合，時間や場を限定し，大きな影響を直接的に与えた要因だけに着眼して原因を理解しようとしがちである。しかし，システム思考では，その結果にかかわっている小さな要素をできるだけ拾い出し，その要素と結果の関係性を俯瞰的に眺めることを通じ，本質的な原因を理解しようとする。そのた

め，システム思考による発見や洞察を通して，高次学習の出現を促進することができると考えられる。

　これらを勘案すると，システム思考に基づいた地域学校協働にマネジメントの手法を取り入れ，そのサイクルを回すことによって，学校という組織だけでなく，地域学校協働システム全体のなかで，意図的に高次学習の発生を促すことが可能となり，学校と地域のさらなる改善に資することが期待できるだろう。

【熊谷愼之輔】

注
1）ちなみに，この改正で教職員の任用については，これまでどおり任用に関する意見を述べることはできるが，その範囲が「教育委員会規則で定める事項」となった（第47条の6第7項）。
2）筆者は，2015年10月26日に開催された中央教育審議会の初等中等教育分科会「地域とともにある学校の在り方に関する作業部会（第10回）」と生涯学習分科会「学校地域協働部会（第9回）」の合同会議の席上で，新たに提唱された協働本部の3つ要素のなかに「協議する機能」が位置づけられていないことを当初から懸念し，その旨を発言している。文科省ウェブサイト https://www.mext.go.jp/b_menu/shingi/chukyo/chukyo3/054/siryo/1366659.htm（2020年9月20日参照）。
3）クリス・アージリス／有賀裕子訳（2007）『「ダブル・ループ学習」とは何か』（*Double Loop Learning in Organizations*, 1977）〈ダイヤモンド・ハーバード・ビジネス・ライブラリー〉ダイヤモンド社。
4）ナンシー，アップルヤード・キース，アップルヤード／三輪建二訳（2018）『教師の能力開発―省察とアクションリサーチ』（*Reflective Teaching and Learning in Further Education*=2015）鳳書房，p.71。
5）同上，p.74。
6）佐古秀一（2019）『管理職のための学校経営 R-PDCA』明治図書出版，p.17-18。
7）同上，p.25。
8）山岡徹（2019）「組織のパラドックス」安藤史江・稲水伸行・西脇暢子・山岡徹『経営組織』中央経済社，p.216。
9）佐古，前掲，p.26-29。
10）安藤史江（2019）『コア・テキスト　組織学習』新世社，p.110。
11）枝廣淳子・小田理一郎（2010）『もっと使いこなす！「システム思考」教本』東洋経済新報社，p.2。

第6章
地域学校協働のマネジメントⅡ
～RV・PDCA サイクルに即して～

<table>
<tr><td>1</td><td>RV の重要性</td></tr>
</table>

(1) マネジメントの Will と RV・PDCA サイクル

　地域学校協働をデザインし，マネジメントすることによって，意図的に高次学習の発生を促していくには，PDCA サイクルを採用して推進することを真っ先に思いつくだろう。ただし，ここで注意が必要なのは，PDCA が低次学習のように正解がわかっていて，それに効率よく近づけるために有効なサイクルだという点である[1]。したがって，高次学習までを意図した地域学校協働のマネジメントの場合，簡単に PDCA サイクルを導入すればよいというわけにはいかない。

　そもそも，マネジメントは，①経営の意思・目的の明確化と，②それを実現するための実行プロセスの2つに分けられるが，前者の設定・共有，すなわち「マネジメントの Will（意思）」がきわめて重要とされる[2]。ここでいうマネジメントの Will とは，価値を形成・創造することである[3]。マネジメントで最も重要なのは，この価値の形成・実現であり，地域学校協働のマネジメントで求められるのも地域と学校とによる価値の創造であるといえる。要するに，マネジメント・サイクルが機能するには，何よりもマネジメントの Will（価値・ビジョン）が必要なのである。

　ところが，Will が明確でない場合が多く，ここにマネジメントの根源的な問題があると考えられる。PDCA サイクルでいえば，P の計画部分であり，ここを強化・改善し，PDCA サイクルをより効果的に進めるためには，RV を加えることが重要とされる。つまり，R（Research：調査研究）による現状把

握・分析と，そこから導き出されるV（Vision：ビジョン）をもとにしたRV・PDCAであり，とくにマクロレベルの組織マネジメントで有効なサイクルと捉えられている。マネジメントのWillを導き出すRVを重視する，このサイクルなら，高次の組織学習にも対応できるはずである。本章では，RV・PDCAサイクルに即して，地域学校協働のマネジメントを考えてみたい。

(2) 子どもの実態をふまえた「目指す子ども像」の共有

　最初に，Rの段階として，学校運営協議会等で教職員や地域住民，保護者といった地域学校協働にかかわる大人たちに求められるのは，目に見えるデータに基づいた「子どもたちの実態把握」である。子どもの実態を肌感覚でしか知り得なかった地域住民や保護者らがデータをもとに地域の子どもたちの強みや弱み，さらには子どもをめぐる学校・家庭・地域の現況や取組を分析して理解することは，チームとしての学びの出発点であり，問い直しを重視する高次学習を発生させるためにも重要なことである。

　この段階をなおざりにすることで低次学習を繰り返し，地域学校協働が停滞しているところは，活動が盛んなところに対して「あの地域（学校）だからできる，うちでは無理」とよくいう。だが，どの地域にもさまざまな資源が眠っている。だからこそ，そうした眠っている資源，もう少しいうと地域における人々の信頼関係や結びつきを表す「ソーシャル・キャピタル」をリサーチによって顕在化していく必要がある。現状を嘆くよりも，地域学校協働のマネジメント次第で変わってくるのである。その際，具体的なデータをもとにしたエビデンスの提示が，有効かつ重要であることは間違いない。だが，エビデンスはあくまで1つの要素であって，それに基づいた「熟議」こそが肝要であることを見落としてはならない。

　その意味では，次にこうした実態把握に基づいて，自分たちは地域の子どもたちに対して，長期的な視点から義務教育が終わる中学校卒業までにどのような力をつけさせたいのかといった「目指す子ども像（15歳の○○っ子）」を考え，共有することが大切である。すなわち，Vの「ビジョンの共有」である。

組織学習にひきつければ，ビジョンがなくても適応的な低次学習は可能である。しかし，根源から創造する高次学習では，目的などの問い直しによるビジョンの明確化や共有化が必要となり，CS における学校運営協議会（より多くの人たちとの共有が図られる拡大版の学校運営協議会が望ましい）や協働本部等の組織が，その場としての役割を果たすことが期待される。とくに，学校運営協議会には，学校・家庭・地域の連携といったヨコの視点だけでなく，「学校内の協働の仕組み」（図5.1参照）として，小中連携というタテの視点から異校種間の協働を進めることも望まれる。

　これまで「目指す子ども像」の設定については，学校の課題として捉えられ，地域にとっては関心のうすいことかもしれない。だが，どのような子どもに育てたいのかは学校と地域の共通課題と捉える必要がある。たとえば，子どもが多人数の場で大人しくコミュニケーション能力に乏しいという問題は，地域の人口減少による人間関係（児童・生徒関係）の固定化に起因しているとも考えられる。つまり，学校や子どもがかかえる問題は，地域の問題とつながっているのである。しかし，地域が「目指す子ども像」に関心をもたず，その設定を学校任せにしていれば，地域と学校はいつまでたっても対等に協働するパートナーの関係になれないだろう。そういった問題を解決し，地域と学校の協働関係を築くためにも，「目指す子ども像」を設定・共有するワークショップなどの取組が必要となる。その際，地域学校協働にかかわる大人だけでなく，地域の未来を担う高校生などの参加も試みると相乗効果が期待できる。さらに，CS と協働本部の両輪体制の場合には，両組織を連動させてワークショップを開催し，「目指す子ども像」や「目指す学校像」のみならず，「学校を核とした地域づくり」を進めるうえで重要な「目指す地域像」といった地域としても関心の高いテーマを盛り込んで検討していくと効果的であろう。

　こうしてビジョンを共有することの重要性を強調すると，「目指す子ども像」を設定すること自体，とくにそのフレーズにこだわってしまうケースもみられる。しかし，共有ビジョンは，構築された内容よりも，そのプロセスに意味があると考えるべきである。とすれば，既存の学校教育目標などを援用して，地

域学校協働における「目指す子ども像」を設定・共有してもよいことになる。あくまで，地域学校協働にかかわる多様で異質な大人たちが，ビジョン，つまりお互いの「思い」を共有するプロセスが大事なのである。ただし，ここで気になるのは，地域と学校との間の前に，そもそも同じ学校の教職員間でビジョンの明確化と共有化が進んでいるのかという点である。必ずしも，同じ学校の教職員同士の間でも，「子どもたちにこのような力をつけさせたい」というお互いの「思い」を理解し共有しあっているとは限らない[4]。そうした場合は，学校を内側から開いてその変革を促そうとする学校運営協議会を梃子に，共有ビジョンの構築に向けた取組などを通して，学校内の教職員の協働も図るという手も考えられる（図5.1参照）。

(3) メンタル・モデルの変容を促すチーム学習

このようにみると，RV の段階はマネジメントの Will を形成・創造する学びあいのプロセスといってよい。ただし，そのプロセスは一筋縄ではいかないだろう。地域学校協働にかかわる大人たちは，成人であるがゆえに，学習の妨げとなる固定的で硬直した考え方，つまりセンゲが「学習する組織」でいうところの「メンタル・モデル」をさまざまにかかえているからだ。たとえば，ソーシャル・キャピタルの視点でみれば，学校・家庭・地域の連携協力によるつながりが子どもの学力保障や向上にも効果をあげる[5]ということを理解していたり，地域住民や保護者をチームの一員だと思っている教職員は少ないだろう。つまり，「多くの学校はそれらの人々をあいかわらず教師の補助者（サポーター）と考えている[6]」のが現状なのである。いっぽう，地域住民や保護者も学校のことは教職員に任せておけばよく，自分たちはやはりサポーターに過ぎないとの思いが強いようだ。これでは当事者意識に問題があるといわれても仕方がない。

だからこそ，地域学校協働にかかわる大人たちが，互いのメンタル・モデルを問い直していく必要があるといえる[7]。そのためには，大人同士の学び，つまり「チーム学習」が鍵を握ってくる。行動を起こすのにお互いに必要とする

人たちによるチーム学習がめざすのは，「メンバー間の関係性の質を高めて，状況の共通理解や自分たちがチームであるという共通の基盤を築いた『合致』の状態をつくる[8]」ことであり，メンバー個人の学習を組織の学習へとつなげる要と位置づけられる[9]。したがって，チームが学べなければ，組織は学ぶことができないとされる。さらに，こうした学習の進展を妨げる可能性のあるメンタル・モデルは，暗黙の了解や前提となっているため，本人にはなかなか認識されにくい。ましてや学校という同じ職場にいる教職員同士では，なおさら気づきにくいだろう。それゆえにこそ，教職員や保護者，地域住民といった地域学校協働にかかわる多様な大人たちが，チーム学習による学びあいによって，それぞれがかかえるメンタル・モデルを変容していくことが求められる。このチーム学習において重要な役割を果たすのが，「対話（dialogue：ダイアログ）」である。

対話とは，「日常の経験や私たちが当然のことと受け止めている事柄について，皆で探究し続けること[10]」といわれる。すなわち，対話は個人・チーム・組織に内在するメンタル・モデルを明らかにするプロセスということになる。さらに，この対話によって，個々人がもつビジョンを互いに理解することを通して，ビジョンの共有化がおきるとも捉えられている。そして，その共有ビジョンも，「一度構築されればよいものではなく，組織をとおして自分たちはどうありたいのか，何をしたいのかということを」，地域学校協働にかかわる大人たちが「問い続けて，形作っていく」ことによって[11]，絶えず検証するとともに，ときには自分たちが築いたビジョンの見直しを図ることも重要である。

ここまでをふまえると，学校運営協議会等の組織化された場でのチーム学習を通して，ビジョンが共有化され，それをもとに取組を企画・立案し，地域学校協働活動が展開されていくことになる。そして，取組を通した学びあいによって，地域学校協働にかかわる大人たちは同じチームのメンバーであるとの認識が進み，メンタル・モデルの変容も促される。もちろん，そこでは綺麗事ばかりでなく，かれらの間で意見の衝突や対立が起こることも少なくないだろう。しかし，対立や葛藤を通じて，互いの価値観を認めあうことも可能になる。

つまり、それを「学びが深められるチャンス」と肯定的に捉えることも必要なのである。そのためには、チーム学習が成立する前提として、まずその場が「自由な意思疎通の場」となるように、「異質な視点を積極的に捉える雰囲気[12]」づくりを大切にした場や会の運営を心がけることが大切といえる。

2　PD の改善

（1）広義と狭義の地域学校協働活動

つぎに、マネジメントの Will を形成・創造する RV の段階をふまえて、取組を計画（Plan）し、実行（Do）に移していくことになる。CS と協働本部の両輪体制の場合には、学校運営協議会での協議を中心に、協働本部と連携しながら実践を進めていくことになるのだろう（図5.2参照）。その際、新たな取組を志向するあまり、ついつい現状否定からスタートしてしまいそうになるが、足元をしっかりと見直す、つまり「これまでの取組の棚卸し」として総点検を行うことから取り組むとよいだろう。ここで、続けるべきものとそうでないもの、さらには学校や家庭、地域のそれぞれが担うべきもの、協働して担うものなどの仕分けを行う。そのうえで、共有ビジョンである「目指す子ども像」を実現するために必要な地域学校協働活動を、チームでの学びあいのなかで創り出していくことになる。

PD の段階において中心的な検討課題となるのが、地域学校協働活動である。協働答申において示されたこの活動における協働をどう捉えたらいいのだろうか。"連携"と"協働"はどう違うのであろうか。関連して、文科省は地域学校協働活動を、「地域の高齢者、成人、学生、保護者、PTA、NPO、民間企業、団体・機関等の幅広い地域住民等の参画を得て、地域全体で子供たちの学びや成長を支えるとともに、『学校を核とした地域づくり』を目指して、地域と学校が相互にパートナーとして連携・協働して行う様々な活動」と、広義に解釈している。ここには地域と学校が連携した「学校支援活動」も含まれることになり、両者が協働した地域学校協働活動との違いが不明確なままである。

志水によると，連携とは「自分たちがもともとやっていることを変えずに協力関係をもつ」というスタンスなのに対して，協働では「共同作業によって新しい人間関係や教育的活動をつくっていくことを通じて，お互いが変わっていく」という側面が重要視される[13]。つまり，「静的な連携」から「動的な協働」へと発展していくには，"変容"が鍵となる。その際の変容も，互いの違いを認め，その違いをいかしながら変わっていくというプロセスが大事である。さらに，協働，とりわけ組織間協働の概念を探っていくと，クロスセクター・コラボレーション（cross-sector collaboration）とは，「2つ，あるいはそれ以上のセクターに所属する組織による，情報・資源・活動・実行能力の連結あるいは共有を通じて，単一セクターの組織が達成しえなかった結果を協働で達成すること」という定義もある[14]。

　このようにみると，学校の教職員だけでなく，保護者や地域住民らの多様な思いや違った考えを取り込み，違いをいかして変わっていくからこそ，地域と学校のそれぞれの組織が単独ではなしえなかった，より教育効果の高い成果を共同で生み出すことができる。そうした活動を「狭義の地域学校協働活動」と捉えて推進していくべきだろう。

　ただし，多様で異質な大人たちの間には乖離やギャップが生じやすく，先述したように意見の衝突や対立が起こる場合も少なくない。そのため，多様な思いや違った考えは，嫌悪さらには排除されがちである。しかし，「異なるコミュニティの人びとが出会い，交流し，互いの重なりや共有部分を創出」していく越境的な対話や学びの概念に従えば，「文化的，歴史的に生じた互いの差異を単純に解消すべき悪者とするのではなく，むしろ変化の重要な原動力として生か[15]」していくべきなのである。つまり，大人たちの違いは地域学校協働活動を生み出す原動力といえる。

　このように狭義に地域学校協働活動を捉えたからといって，学校支援活動が不必要というわけではない。広義には地域学校協働活動に含まれる学校支援活動もこれまで同様に大事である。連携による学校支援活動を通して，地域と学校との間に信頼関係が生まれ，その相互信頼が，さらなる地域学校協働活動へ

の発展につながっていくからである。あくまでも広義の地域学校協働活動に位置づく学校支援活動をベースに、「目指す子ども像」を実現するための重点的でより教育効果の高い取組を狭義の地域学校協働活動と捉え、推進していってほしい。

(2) 組織アンラーニングの重要性

　そのためには、地域学校協働活動、とりわけ狭義の地域学校協働活動の改善に力を注ぐ必要がある。地域学校協働を推進するうえでのファースト・ステップを"組織づくり"とするなら、セカンド・ステップは協働へと"活動の質"を高めることだといえる。だが、この協働への壁は厚い。というのも、協働答申によって支援や連携から協働への進展が求められているにもかかわらず、現状は相変わらず学校支援活動が中心で、協働の段階に至っているケースが少ないためである。ここには、地域本部事業の影響も少なからず存在すると思われる。たしかに、地域本部事業の進展が、学校・家庭・地域の連携の推進に大きな役割を果たしたことは疑いない。しかし同時に、その名称に「学校支援」を冠したことにより、学校・家庭・地域の連携とは学校支援のことだとの理解が進み、良くも悪くも学校支援活動が根付いてしまった。そのため、地域学校協働の考え方が推奨されても、うちは地域連携、すなわち学校支援活動に十分取り組んでいるので、これ以上なにも変わる必要はないと判断しているのだろう。ここには、ルーティン・ベースの低次学習のみが繰り返され、協働の視点から地域と学校の関係のあり方を問い直してみようとする高次の組織学習が発現していないのである。

　それでは、いかにすれば高次学習を喚起できるのであろうか。アージリスとショーンは、高次学習に該当するダブル・ループ学習を実現する一歩として、「これまでの組織行動の基盤となっている組織規範などの価値前提にまず疑問を呈すること[16]」を主張している。既存の価値に沿った行動や意思決定を続けているかぎりは、低次学習から抜け出すことができないと考えたからである。そこで、既存の価値観や知識などが時代遅れになっていたり、妥当性を欠いた

ものになっている場合には，それを積極的に捨て去り，より妥当性の高い新しいものに置き換える「アンラーニング（unlearning：学習棄却）」が必要かつ重要になってくる[17]。個人レベルでも必要とされるアンラーニングを組織として行う場合は，「組織アンラーニング」と呼ばれる。たとえば，先述した教職員や保護者，地域住民といった地域学校協働にかかわる大人たちがそれぞれにかかえるメンタル・モデルは，個人レベルで必要なアンラーニングの対象であり，チーム学習での対話や振り返りを通して克服していくことが求められる。また，事例としてあげたA小学校の場合は，学校の組織文化として根付いている「教員個々の力量で乗り切ること」が，組織アンラーニングの対象と捉えることができるだろう。

　たしかに，アンラーニングは高次学習の実現のため，必要なことである。しかし，それはなかなか困難であると考えられる。まず，アンラーニングの対象となるメンタル・モデルや組織の価値前提，習慣は意識の深いところに染みついたものになっており，自分たちでは気づきにくい。そして，たとえ気づいたとしても，それを部分的であれ棄却することは，自分たちのこれまでのやり方を否定することにもつながるため，拒否反応を示すことも想定される。しかも，組織アンラーニングの場合には，組織として表向きに掲げる「信奉理論」と，実際に組織メンバーの行動を支配している「使用理論」もアンラーニングを妨げる要因として働くとされる[18]。とくに，後者が組織アンラーニングを妨げる方向に強く作用しがちであり，組織において両理論が食い違う場合，使用理論は盲点に隠れてしまうともいわれる[19]。

　このことを地域学校協働にひきつけると，現在，地域学校協働の理念のもと「地域とともにある学校づくり」は，多くの学校で信奉理論として掲げられている。しかし，その使用理論は学校支援活動を中心とした取組でよしとする従来の考え方のままであると思われる。繰り返しになるが，学校支援活動を含めた広義の地域学校協働活動自体を否定しているわけではない。ここで問題なのは，組織における両理論のズレ，とくに見過ごされやすい使用理論が，地域学校協働の進展，つまり狭義の地域学校協働活動の導入や改善を阻害している点

である。だからこそ，組織アンラーニングが求められるのである。ただし，地域学校協働を進める同じチームのメンバー同士では，そのことに気づきにくいため，助言や働きかけといった組織への「介入」が必要となる。そうした意味でも，外部講師などによる組織アンラーニングの喚起，つまり学校支援に凝り固まった価値観を解きほぐすような地域学校協働の研修が有効と考えられる。

(3) これからの学校運営協議会の役割〜熟議を教育課程に結びつける〜

　ここまでを整理してまとめると，図6.1のように捉えることができる。まず，協働答申では，学校側に「地域とともにある学校づくり」への転換を求めるだけでなく，地域に対しても，学校を核とした協働の取組を通じて，地域の将来を担う人材を育成し，自立した地域社会の基盤の構築を図る「学校を核とした地域づくり」の推進を促している。つまり，「地域とともにある学校づくり」と「学校を核とした地域づくり」が地域学校協働を進める改革の両輪といえる。この両輪を推進するエネルギー源となるのが地域学校協働にかかわる大人たちの「熟議」であり，動力源としての「連携推進母体」をエンジンにして，共有ビジョンとして掲げられた「目指す子ども像」に向かって実践を進めていくことになる。その際，CSと協働本部の両輪による推進体制が理想とされる。さらに，改革を意図的・計画的・継続的に進めていくためには，「地域とともにある学校づくり」と「学校を核とした地域づくり」が教育課程を介してつながっていくことが大切である。すなわち，この両輪をつなぐ「軸（シャフト）」になるのが，「社会に開かれた教育課程」と位置づけることができる。もう少しいうと，学校づくりと地域づくりの好循環を促すには，地域学校協働活動を学校の教育課程と関連づけ，小中連携，さらには保幼・小・中・高といったタテの連携による長期的な戦略のもと計画的で着実な実行が求められるのである。

　しかし期待に反して，この教育課程がむしろ協働への壁となっているケースがみられる。そこでは，教育課程との関連といっても，あくまで地域学校協働活動は学校支援活動の一環として学習支援の域を出ず，そうした学校支援活動と放課後・土日における教育課程外の活動といった，いわば"学校の二の丸や

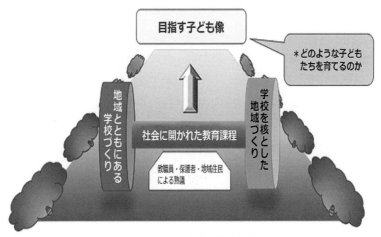

図6.1　地域学校協働の推進

外堀における取組”が地域学校協働活動のメインとなっている。その場合，学校運営協議会等においても，二の丸や外堀といった学校の周辺的な取組が地域学校協働に関する検討テーマになっている。つまり，学校の本丸ともいえる教育課程が学校運営協議会等で議論の俎上に載せられていないのである。これでは，教育課程を介して協働活動の質を高めることはむずかしいだろう。

　こうした協働への進展を阻む壁の背景には，教育課程を学校の“聖域”とみなす学校や教職員の考え方が潜んでいると思われる。あるいは，学校としての責任感が強く，教育課程に関することまでを地域や家庭に相談しお願いするわけにはいかないと考えているのかもしれない。いずれにせよ，これらは，まさに学校組織においてアンラーニングが必要なメンタル・モデルといえる。

　だからこそ，外部者の視点をもつ人物による学校組織への介入が必要になる。ただし，学校の場合，急進的な介入が逆効果になるおそれもある。そこで，学校をとりまくステークホルダー（利害関係者）である保護者や地域住民らに学校運営への参画を推進することで「ダイバーシティ（多様性）」を高め，学校組織の自助努力を促す試みとしてのCSが大きな意味をもつ。つまり，学校に潜むメンタル・モデルを克服し，組織アンラーニングを促すには，内部事情に

詳しく，組織に対してある程度の影響力をもった「インサイド・アウトサイダー（内部者の視点をもった外部者）」や「アウトサイド・インサイダー（外部者の視点をもった内部者）」のような人物（介入者）の存在が欠かせない[20]。地域学校協働の場合，前者としては非常勤の特別職地方公務員として位置づけられる「学校運営協議会委員」が，後者としては社会教育主事や社会教育士の有資格者を充てることが望まれている「地域連携担当教職員」が，推進の鍵を握る存在になるだろう。

　かれらの発想や解釈を取り入れることで，固定しがちな組織の解釈の幅が広がり，既存の考え方に対するゆらぎが経験されれば，これまでの解釈が唯一絶対的なものではなく，別に異なる解釈のあり方が存在しうると組織が知る絶好の機会になると捉えられている[21]。とすれば，学校運営協議会等における熟議は，地域学校協働の考え方によって既存の教育課程のあり方を見つめ直す，まさに絶好の機会といえるだろう。ただし，こうした熟議を深めるためのワークショップは，「楽しかった」というだけで終わってしまいやすい。そのため，熟議の先を示して，熟議を教育課程に結びつけていくことが重要で大きな意味をもってくる。

　地教行法（第47条の6第4項）には学校運営協議会の役割として，「指定学校の校長は，当該指定学校の運営に関して，教育課程の編成その他教育委員会規則で定める事項について基本的な方針を作成し，当該指定学校の学校運営協議会の承認を得なければならない」（傍点筆者）ことが明記されている。しかし，必ずしも教育の専門家ではない学校運営協議会委員に，専門的な教育課程について説明するのをためらっているのか，その基本方針において「教育課程の編成に関する事項」を明示しているケースは管見の限り少ない。これでは，教育課程は聖域化され，学校運営協議会委員もあずかり知らないところになる。もちろん，教育課程は学校（校長）の責任のもと編成される。

　しかし，CSによって学校組織におけるダイバーシティを高め，子どもたちのために地域学校協働活動の質を向上させていくためには，学校自ら教育課程を議論の俎上に載せ，まさに社会（地域）に開いていくことが求められる。も

う少しいうと，これからの CS（学校運営協議会）には，地域学校協働システムにおける「学校内の協働の仕組み」としての位置をいかして，地域学校協働にかかわる大人たちとともに，教育課程（カリキュラム）をデザインし，マネジメントしていくことが重要になってくるだろう。そのためには，学校もカリキュラムの視覚化や，地域学校協働活動と結びつきやすいように単元や題材のまとまりとして地域に提示を試みるなど，教育課程についての学校のわかりやすい説明が問われることになる[22]。

(4) サービス・ラーニングの有効性

　教育課程と関連した地域学校協働活動という点では，「サービス・ラーニング（service learning：以下，SL）」の手法が示唆に富んでいる。SL は，学校の教育課程，とりわけ「教科で学んだ学習」と「地域の社会貢献活動（サービス活動）」とを組み合わせた体験的な学習方法である。たとえば，「総合的な学習の時間」などを利用して，教科で学んだことを地域でいかして実践し，さらにそれらの体験を振り返ることで，子どもたちは学校で学んだ知識を生活と結びつけ，「知の総合化」をはかることができる。

　もう少し SL の具体例を紹介しておこう。表 6.1 は，筆者が担当する岡山大学大学院教育学研究科教職実践専攻での授業実践（科目名「学校とコミュニティ」）のなかで，大学院生（現職教員学生）が構想した中学校 2 年における数学による SL の構想である。教科とつながる SL といっても，社会科や理科の実践は想定しやすい。だが，この構想は数学で学んだ一次関数を活用して，地域のコミュニティーバスの運行計画を中学生が作成し，提案していくというアイデアが秀逸である。SL は，どの教科と関連づけて構想・実践されてもよいのである。このように，SL は教育課程のなかでも教科とつながっているため，学校での学問的な学びと密接に結びついている。そのため，SL の取組は単なる一過性のイベントにならず，学校での「学習」と現実の「生活」との「統合」が可能になるのだろう。

　わが国の現状にひきつけてみると，学校現場にボランティア活動が積極的に

表6.1　サービス・ラーニングの学習段階（中学校2年）

「コミュニティーバスの運行計画の提案」の学習段階（学年：2年　教科：数学「一次関数」）

学習段階	学習活動の概要	学習活動の展開
Ⅰ．問題把握	民間のバス会社が経営上の理由で撤退した後，コミュニティーバスがお年寄りにとっては，欠かせない交通機関である実態を知る。 バスの運行には，最低1日何名以上の乗客が必要なのか。運行上の規制はあるのかなどについて理解する。 より便利な運行計画を立てることが，お年寄りにとっても，バスの運行団体にとっても必要であることを知り，その改善に興味を持つ。	第1時：病院でのお年寄りへのインタビューのVTRを見て，コミュニティーバスの必要性を感じとる。 コミュニティーバスの運行のために必要な1日の最低乗客数を運営団体の方から聞く。 第2時：運行計画提案までの計画を立てる。
Ⅱ．問題分析	老人ホーム，病院，銀行，郵便局，市役所の支所に，アンケート用紙を置かせていただき，コミュニティーバスの利用状況及び利用希望の時間帯と希望経路について把握する。	第3時：各施設に出向き，アンケートの目的を話し，協力を依頼する。 お年寄りから必要性について，インタビューを通して直接聞く。 第4時：アンケートを回収し，停車位置ごとの乗車希望時間と乗客数をまとめ，表を作成する。
Ⅲ．意志決定	現在運行している運行計画用のダイアグラムを作成し，乗客数と各乗客の持ち時間を計算し，状況を知る。 利用希望者の要望を基に運行計画を改善し，新たなコミュニティーバスの運行計画を立案し，ダイアグラムを作成する。	第5時：表のデータを使って，バスの時速とバス停間の距離を基に，現在運行している計画に従って，ダイアグラムを作成する。 第6時：利用希望者の希望を基に運行計画を改善し，新たなコミュニティーバスの運行計画を立案し，ダイアグラムを作成する。
Ⅳ．提案・参加	コミュニティーバスの運行団体に，アンケート結果と運行計画のダイアグラムを持参し，運行時間と運行経路の変更を提案する。 新たな運行計画が，地域に受け入れられ，お年寄りにとって，よりよく改善されているか検証する。 学習した内容について，発表することで，地域社会の一員としての役割を果たしたことについての自信を深める。	第7時：新たなコミュニティーバスの運行計画を提案し，そのダイアグラムを運行団体に提出する。 第8時：新たな運行計画の試行後，各施設に出向き，よりよくなったかを調査する。 第9時：この学習で学んだことについての発表会の準備をする。 第10時：発表会を実施する。

出所：小林義忠（2010）「『コミュニティーバスの運行計画の提案』の学習段階」

導入されてきているが，「なぜ，今日は海岸でごみ掃除をするのか？」「なぜ，老人ホームでお年寄りの方々とふれあうの？」など，子どもたちの疑問の声もしばしば耳にする。その場合，「ボランティア活動だから」と教員も返答に窮してしまいがちである。しかし，SL の手法を取り入れた教育実践の場合，単なるボランティア活動ではなく，子どもたちが教科で学んだことをふまえて地域で実践することになり，このような疑問や問題も解消していくと思われる。

　こうした SL を企画し，実践するには地域の力が不可欠である。そのため，SL は，「コミュニティのニーズ」に応じた地域課題を出発点としている。つまり，地域住民のニーズに基づいたサービス活動でなければ，SL にはならない。しかも，地域住民や保護者の協力がなければ，その活動を子どもたちが地域で実際に取り組んでいくこともできない。だからといって，地域だけで SL に取り組むのはむずかしい。というのも，SL は学校の教育課程とつながっており，企画していくにはどうしても教職員の力が必要となるからである。

　このようにみると，SL の取組は，学校（教職員）と地域（地域住民・保護者）がともに知恵を出しあい，手をたずさえて協働しなければ実践できない。だからこそ，SL は，CS による一元体制の場合でも，教育課程を介して「地域とともにある学校づくり」と「学校を核とした地域づくり」をつないで好循環を生み出し，地域学校協働活動の質を高める有効な手法となるのである。さらに，SL で重視される社会貢献活動が，逆に地域側の「子どもたち（中学生）の活動を失敗させてはならない」という思いを呼び起こし，連帯感が高まり「学校を核とした地域づくり」につながったケースもある[23]。つまり，中学生を"縁"にした学校づくりと地域づくりの好循環である。

　中学生については，これまでの地域本部の取組をみても，連携による学校支援活動の小学校における受け入れやすさに比べ，中学校では概して積極的なものとはいえなかった。周りの大人たちも，中学生に対して身構えてしまい，どのような支援をすればよいのかと尻込みしていたせいもあろう。しかし，中学生を支援の対象ではなく，地域の将来を担うパートナーと捉えるなら，支援重視の小学校から，中学校では，SL を積極的に導入し，大人と一緒に取り組む

協働活動や，中学生の自己肯定感を高める地域での社会貢献活動へと重点を移していけばよいということになる。こうした点からも，SL の有効性をうかがい知ることができる。

3	CA の確立

(1) 改善を導くための評価～学校評価との連動性～

　地域学校協働のマネジメント・サイクルを循環させるには，評価（Check）と改善（Action）の段階が 2 周目以降のサイクルへ向けてのポイントとなり，この段階を確立していくことが求められる。そのためにはまず，当たり前のようだが，評価活動は改善のためにあることを認識する必要があるだろう。そこで，改善へと導いた評価活動の好事例を紹介しておきたい。

　筆者もかかわる K 小学校は，学校における働き方改革と連動した CS の推進に取り組んでいる。学校運営協議会の席上，「とんど祭り」のことが話題となった。協議を通して学校（教職員）の忙しさを実感した委員たちの間で，とんど祭りが学校行事として行われていることに疑問をもったからである。それを契機に K 小学校では取組の見直しが行われ，学校（教職員），家庭（保護者），地域（地域住民）のそれぞれが担うべき取組と，連携・協働して担うべき取組とを整理して検討することになった。その結果，次年度からとんど祭りは地域の行事として行われるようになり，学校の負担を軽減するような取組も進み，学校の働き方改革にもつながったのである。ここで重要なのは，地域学校協働活動を検討する際，目標を共有して協働することばかりに目が行きがちになるが，学校や家庭，地域といったそれぞれの役割や既存の取組を見つめ直すことを通して協働活動が創られていく点を見落としてはならない。もう 1 つは，取組の評価活動が改善につながるという実感をチームで共有することの大切さである。ただし，ここで注意し，確認しておかなければならないのは，CS による評価・改善活動の「アウトプット（結果）」が地域行事としてのとんど祭りの実施であり，それを契機にさらなる試みが展開されたことによる「アウトカ

ム（効果・成果）」として，学校の働き方改革が進んだという点である。学校側，さらには行政側も，学校の働き方改革のために CS を導入し，推進するようなことにならないよう留意が必要である。

　このように地域学校協働のマネジメントにおける評価と改善の重要性を理解すれば，学校教育目標のもとに教育活動や組織運営の評価を通して改善を図る「学校評価」との連動が必要かつ効果的であることに気づく。とくに教育課程と関連した地域学校協働活動の場合には，カリキュラム・マネジメントの視点からも，CS と学校評価の連動が重要になってくるだろう。

　しかし，連動しようとしても，そもそもスケジュール上に問題があるといわれる[24]。たとえば，学校評価の実施については年度末というのが定石となっている。それに対して，次年度の教育課程についての検討は，12月頃から開始する学校も多い。これでは，次年度の教育課程の検討（改善）が，本年度の学校評価に先行して進められ，サイクルが逆行することになる。CS と学校評価の有機的な連動のためには，学校評価の年間スケジュールについての見直しが必要であるだろう。実際，9月から翌年の8月までを PDCA の1サイクルとして，学校評価を年間2回（7月と12月）実施する自治体もみられる[25]。この自治体の学校では，7月の学校評価の結果を受けて，夏期休業中に後期の教育活動の見直しを行い，次年度の教育活動の構想を検討している。さらに，年に2回の学校評価によって，評価のあり方も「総括的評価」だけでなく，「形成的評価」も行われるようになり，年度内に学校改善に向けた軌道修正がしやすくなったことも特筆される。

　だが，ほとんどの学校評価は，総括的評価，もう少しいうと取組後の効果をみる「アウトカム評価」なのである。そのため，形成的評価のような，活動の取組が計画どおりに実施されているのかに着目した「プロセス評価」の視点が欠如している。つまり，年度末の評価（アウトカム評価）だけが独立した形で行われ，計画や実施，改善と体系的に関連づけられていないのである。これは，スケジュール上の問題よりも大きな問題と考えられる。したがって，CS と学校評価を連動させて地域学校協働のマネジメントを促す際，その評価を

PDCA サイクルと結びつけるためには，アウトカム評価だけでなく，次の計画へとフィードバックするためのプロセス評価の役割が大きくなる。

　さらに，地域学校協働という点では，そうした評価への保護者や地域住民などの参加も問われることになる。文科省が作成した「学校評価のガイドライン」にも，「各学校が，自己評価及び保護者など学校関係者等による評価の実施とその結果の公表・説明により，適切に説明責任を果たすとともに，保護者，地域住民等から理解と参画を得て，学校・家庭・地域の連携協力による学校づくりを進めること」が示されている。しかし，この間の学校評価改革は説明責任に重点がおかれ，自らの組織の営みを診断・評価することについては二次的に扱われた結果，学校評価が保護者等への"アンケート化"したとの問題点も指摘されている[26]。こういった「アウトカム評価への傾斜」や「学校評価のアンケート化」の問題を乗りこえるためには，「参加型評価（participatory evaluation)」が鍵に握っていると考えられる。

(2) 参加型評価の可能性

　参加型評価とは，評価を専門とする者もしくは組織の評価担当者が主体となって行う評価ではなく，評価専門家以外の関係者（ステークホルダー）も評価活動に参加し，協働で行う評価である[27]。ステークホルダーが評価活動に参加することを前提とした参加型評価では，関係者間の協働関係から創出される「価値」に重きがおかれる。その意味でも，地域と学校とによる価値の創造を重視する地域学校協働のマネジメント・サイクルに適した評価手法と考えられる。

　ただし，協働関係による価値の創出に重きをおくため，単に保護者や地域住民へのアンケート調査を行えば参加型評価であるとはいえない。同様に，地域学校協働においてもよく用いられるワークショップを行い，ステークホルダーの意見を聴けば参加型評価であるともいえない。いずれの場合も，評価の情報源としてだけのかかわりであり，ステークホルダーが評価の価値判断にかかわってなければ参加型評価とはいえないのである[28]。このようにみると，参加

型評価は，評価の設定から実施，データの解釈までのすべてのプロセスにステークホルダーがかかわる評価であると位置づけられる[29]。もう少しいえば，参加型評価は，プロセス評価（形成的評価）とアウトカム評価（総括的評価）の視点を取り入れ，その間を連携づけることによってプロセス全体を関係者とともに評価していく手法と捉えることもできる[30]。

　しかし，学校評価の場合，プロセス評価の視点が弱く，アウトカム評価に偏っていることはすでにみたとおりである。その意味でも，地域学校協働のマネジメント・サイクルのなかでCSと学校評価の有機的な連動を図るには，参加型評価の考え方を取り入れて，プロセス評価とアウトカム評価のバランスを改善していくことが大切である。

　そうした問題意識のもと，地域学校協働のマネジメントを効果的に進めるためのツールとして作成したのが，図6.2のワークシートである[31]。ワークシートの先頭には，ここまでの考察で重視してきた「共有ビジョン」が位置づけられている。ここでのメインは，やはり「目指す子ども像」であるが，それに関連したサブビジョンとして「目指す学校像・家庭像・地域像」をおさえておくことも有効だろう。

　つぎに，ビジョンの達成に影響を与える「リスク要因（弱み）」と「保護要因（強み）」をふまえて，「目標（目指す変化）」を明確化しておくことが重要である。学校での教育活動のなかには，恒例や慣例となってしまった取組も多く，その目標が曖昧になってしまうことがよくある[32]。事実，学校支援活動に代表される広義の地域学校協働活動は，活動自体が目標となってしまい，その取組によって子どもたちがどのような変化や成長を遂げてほしいのかを意識しにくくなる。そのため，子どもたちの変化が目標設定の柱となるが，それにかかわってもたらされる大人たちの変容や効果も考えておくとよいだろう。なお，ここで具体的に設定された目標が，アウトカム評価の指標となっていく。

　続いて，その目標を実現するための「具体的な取組」を考えて取り組んでいくことになる。その際，取組である地域学校協働活動を広義と狭義に分けて検討することをおすすめしたい。とくに，狭義の地域学校協働活動は，教育課程

共有ビジョン (目指す子ども像をメイン に学校・家庭・地域像も)	◎メインビジョンとしての目指す子ども像 ○サブビジョンとしての目指す学校・家庭・地域像
リスク要因(弱み) (ビジョンの達成を阻害す る状況)	・ ・ ・
保護要因(強み) (ビジョンの達成に活用で きること・状況)	・ ・ ・
目標(目指す変化) (取組によって誰がどうな ることを期待しているの か?)	◎子どもたちが〜 ○地域学校協働にかかわる大人たちが〜 ・学校(教職員)が〜 ・家庭(保護者)が〜 ・地域(地域住民)が〜
具体的な取組 (目標を達成するために 何をするのか?)	○広義の地域学校協働活動 ・ ・ ・ ○狭義の地域学校協働活動 ・ ・
プロセス評価 (取組は計画通りにできた か?)	・ ・ ・ 〈判断の根拠となるデータ・資料〉
アウトカム評価 (目標は達成できたか?)	・ ・ 〈判断の根拠となるデータ・資料〉

図6.2　地域学校協働のマネジメント・ワークシート

出所:池田琴恵(2016)「学校全体のエンパワーメントを促す学校評価」源由理子編『参
加型評価』晃洋書房,p.152の図をもとに筆者作成

との関連が望まれる。

　そして評価の段階ではまず，こうした取組が意図されたとおりに実施されているのか，実施過程で何が，なぜ起きているのかなどを明らかにする「プロセス評価」が欠かせない。取組が計画どおりに進まなかった場合は，ここで原因を探ることができる。ここに問題がないのに，最後の「アウトカム評価」で期待していた効果が得られない場合は，取組自体を見直す必要があることに気づき，次の計画へのフィードバックが可能になる[33]。ちなみに，プロセス評価では実施過程で発生している問題への対応が中心となるため，定性的なデータが多く用いられるが，アウトカム評価では従来型の定量的なデータが中心になる。そのため，両データの特性を考慮して，うまく組み合わせながら，評価・改善活動を行っていくことが求められる。

　ここまでをふまえると，このワークシートは，参加型評価の考え方を取り入れ，評価の段階に限らず，地域学校協働のマネジメント・プロセスを体系的に関連づけて活用できるシートになっていることがわかるだろう。同時に，学校評価の改善だけなく，地域学校協働の推進にも寄与する参加型評価の可能性も看取することができる。しかし，その導入に関しては，仙台市で「協働型学校評価」が先駆的に試みられているにすぎない[34]。CSと学校評価を連動させて地域学校協働を推進していくには，参加型評価の導入が待たれるところである。

【熊谷愼之輔】

注
1）伊藤克容（2019）「『両利きの経営』におけるマネジメント・コントロールの役割」『成蹊大学経済学部論集』第50巻第1号，p.152。
2）大住莊四郎（2010）『行政マネジメント』〈BASIC公共政策学　第7巻〉ミネルヴァ書房，p.95。
3）同上，p.101。
4）浜田博文編（2012）『学校を変える新しい力―教師のエンパワーメントとスクールリーダーシップ』小学館，p.88。
5）志水宏吉編（2011）『格差をこえる学校づくり―関西の挑戦』大阪大学出版会，p.15。
6）紅林伸幸（2007）「協働の同僚性としての《チーム》―学校臨床社会学から」『教育学研究』74（2），p.186。

7）熊谷愼之輔（2016）「地域連携からみた『チーム学校』」『教育と医学』64（6），慶應義塾大学出版，p.468-474。

8）小田理一郎（2017）『「学習する組織」入門　自分・チーム・会社が変わる持続的成長の技術と実践』英治出版，p.221。

9）ピーター・センゲ／守部信之他訳（1995）『最強組織の法則―新時代のチームワークとは何か』（*The Fifth Discipline: The Art and Practice of the Learning Organization* = 1990）徳間書店，p.257-284　および，学習する組織については，ピーター・センゲ／枝廣淳子・小田理一郎・中小路佳代子訳（2011）『学習する組織―システム思考で未来を創造する』英治出版も参考にした。

10）ピーター・センゲ他／柴田昌治他監訳（2003）『フィールドブック　学習する組織「5つの能力」』（*The Fifth Discipline Fieldbook: Strategies and Tools for Building a Learning Organization* = 1994）日本経済新聞社，p.320。

11）中村香（2009）『学習する組織とは何か―ピーター・センゲの学習論』鳳書房，p.136。

12）柏木智子（2009）「学校と地域の連携推進に関する研究―地域づくりのための主体形成に着目して」『大阪大学大学院人間科学研究科紀要』（35），p.67。

13）志水宏吉（2005）『学力を育てる』〈岩波新書〉岩波書店，p.192。

14）佐々木利廣・加藤高明・東俊之・澤田好宏（2009）『組織間コラボレーション―協働が社会的価値を生み出す』ナカニシヤ出版，p.8。

15）香川秀太・青山征彦編（2015）『越境する対話と学び―異質な人・組織・コミュニィをつなぐ』新曜社，p.3。

16）安藤史江（2019）『コア・テキスト　組織学習』新世社，p.111。

17）同上，p.111。

18）同上，p.115。

19）小田，前掲，p.199。

20）安藤，前掲，p.201。

21）同上，p.200。

22）天笠茂（2019）「地域と連携・協働したカリキュラム・マネジメントの充実」『初等教育資料』No.978，東洋館出版社，p.9。

23）熊谷愼之輔「地域学校協働という漢方薬による学校力回復の処方箋」時岡晴美・大久保智生・岡田涼・平田俊治編（2021）『地域と協働する学校―中学校の実践から読み解く思春期の子どもと地域の大人のかかわり』福村出版。

24）天笠茂（2020）『教育課程を創る学校経営戦略―カリキュラム・マネジメントの理論と実際』ぎょうせい，p.75。

25）野口敏樹（2020）「年度内の学校改善を実現するために－年に2回の学校評価」『教職研修』570号，教育開発研究所，p.26-28。

26）天笠茂（2020）「新しい時代の初等中等教育を担う学校の経営戦略―地域との関係づくり」『学校運営』61（11），全国公立学校教頭会，p.10。

27）源由理子編（2016）『参加型評価―改善と変革のための評価の実践』晃洋書房，p.3。

28）同上，p.25。

29）同上。

30) 同上，p.24。

31) 池田琴恵「学校全体のエンパワーメントを促す学校評価」源，前掲，p.142-162. を参
   考に作成した。

32) 源，前掲，p.146。

33) 源，前掲，p.147。

34) 協働型学校評価については，猪股亮文「協働型学校評価のすすめ―仙台市教育委員会
   の取組」大脇康弘編／天笠茂編集代表『学校をエンパワーメントする評価』〈学校管理
   職の経営課題〉第5巻，ぎょうせい，p.156-175. に詳しい。

終　章
大人と子どもの学びあい・育ちあいをめざして

(1) 世代性の概念と「大人と子どもの歯車モデル」

　これまで本書では，地域学校協働における大人たちの学びに着目して考察を進めてきた。そもそも本研究グループの研究関心は，地域本部の導入後，大人（地域）から子ども（学校）への支援に注目が集まるなか，むしろ子どもへの取組を通して大人たち自体が学ぶこと，さらには大人と子どもの学びあいや育ちあいにあった。もう少しいうと，まず地域学校協働にかかわる大人たちが，取組の企画などを通して学びあい，実践によって子どもたちの変容を促していく。そして，子どもとのかかわりあいのなかで，教職員さらには保護者，地域住民といった地域学校協働にかかわる大人たち自身も変容が促され，地域，ひいては社会も変わっていくと捉えていたのである。こうした大人と子どもの学びあい・育ちあいによる循環が，持続可能な未来の構築に向けて重要になってくると思われる。そこで，その循環を支える理論的な基盤になる「世代性（generativity：ジェネラティヴィティ）」の概念をおさえておこう。

　エリクソン（Erikson, E.H.）によると，世代性は「次の世代を確立させ導くことへの関心」と第一義的に定義される[1]。中年期以降の成人に求められる心理・社会的な課題である世代性の課題は，具体的に「子どもをはぐくみ育てること，後進を導くこと，創造的な仕事をすることなど，次世代への関心や養育，社会への貢献を意味し，成人としての成熟性を示す」とされる[2]。そのため，中年期を迎えた成人が世代性という課題をクリアしていくには，子育てや後進の育成など若い世代の面倒をみることが，実は自分の発達にも有意義であることを心から感じる必要がある。ここで肝心なのは，「私たちは次の世代とかかわることによって，成人としての自己が活性化される」という点である[3]。

地域学校協働にひきつけて考えると，地域学校協働活動を学校で拡充させていくには，教職員だけでなく，保護者や地域住民といった大人たちの力や変容が必要となる。しかも，そのような大人たちの姿をみて子どもたちの変容も促されると考えれば，当然大人たちは子どものために地域学校協働活動を行っているという思いや考えが強いのではないだろうか。しかし，世代性の観点からみれば，大人たちが地域学校協働活動で，子どもたちを支援し，かれらとかかわることは，大人自身が学び，さらなる変容を通して成熟するためにも必要だといえる。まさにエリクソンが指摘するように，「成熟した人間は必要とされることを必要とする」のである[4]。ただ，必要とされるのは，大人たちだけではない。西平はエリクソンの世代性の概念に含まれる大人と子どもの相互関係を次のように指摘している。少し長くなるが引用しておこう[5]。

> 　大人は，子どもによって動かされつつ，子どもを育てることによって自ら成長し，子どもは親によって育てられることを通して，親を成長させつつ，自らも成長してゆく。この歯車のように噛み合った関係において，異質でありつつまさに異質であることによってこそ互いに補完し合うパートナーシップの関係，そこにおいてこそ，子どももまた大人もはじめて生き生きするというモチーフこそ，エリクソンの著作に繰り返し表れてくる基本旋律である。

　上述の引用文にある親は，教職員や保護者，地域住民といった地域学校協働にかかわる大人たちと広く捉えて読んでほしい。そうすれば，図7.1のように，大人と子どもは歯車のようにかみ合った，互いの成長のために必要な存在同士と捉え直すことができるだろう。この「大人と子どもの歯車」をかみ合わせて，大人と子どもの学びあい・育ちあいを促していくには，地域学校協働の考え方や取組が有効であることはあらためていうまでもない。

(2) 学びを通して互いに高めあう関係づくりとその支援

　このモデルに従うと，「大人と子どもの歯車」をかみ合わせて動かす，つまり両者の学びあい・育ちあいに欠かせない地域学校協働の取組を推進するには，まず右側の地域学校協働にかかわる「大人の歯車」の中を動かしていく必要が

ある（図7.1）。その起点となる教職員についてみると，授業研究を中心とした
「校内研修」による学びあいを通して，"同僚性"を高めて学校内の「教職員同
士の歯車」を動かすことが求められる[6]。ただし，その同僚は学校のなかだけ
にとどまらず，地域にも広がりをみせている。つまり，地域学校協働にかかわ
る保護者や地域住民等の大人たちも，教職員にとって"新しい同僚"なのであ
る。そこで，「教職員」と「保護者・地域住民」の歯車同士をかみ合わせて，
連動を生み出し「大人の歯車」をまわすことが必要になる。だが，かれらは新
しい同僚といえども，多様で異質な大人の集団である。そのため，他者と交流
し，良好な関係を築いていくための対話による学び，すなわちチーム学習の場
が大切になってくる。その役割を果たすことが期待されるのが，学校運営協議
会や協働本部といった連携推進母体である。もちろん，意図的・計画的・継続
的に地域学校協働を進めていくためには，かれらの違いをいかした熟議（学
び）をエネルギー源に，「大人の歯車」さらには「大人と子どもの歯車」をま
わすモーター（エンジン）としての連携推進母体が必要不可欠であることはい
うまでもない（図7.1）。そして，ここでの熟議といった学びあいを通して，か
れらの成長も促されると考えられる。実際，教員も地域学校協働にかかわる大
人の一員として取組を進めることで，かれらの「かかわりの中での発達」が促

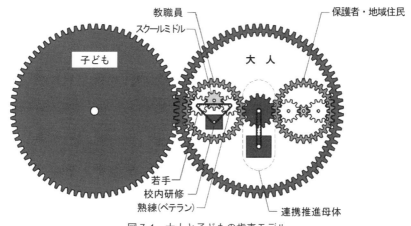

図7.1　大人と子どもの歯車モデル

され，教員自身の世代性，つまり人間的な成熟にもつながることが報告されている[7]。

　さらに，参加型評価についても，その評価プロセスがステークホルダーの学習過程として作用し，関係者の認識，考え方，行動変容につながることが指摘されている[8]。具体的には，評価のプロセスに参加することによって，当事者意識や責任感が醸成されること，関係者間の理解が進むことなどを通して，その後の取組の改善にもつながることがあげられている。こうしてみると，参加型評価の場は，まさに"学習の場"，さらには"成長の機会"であり，そうした場を促すために，対話や討議を通した「評価ワークショップ」の開催を推進しているのも理解できる。しかも，ここでいう評価が，総括的なものではなく，計画段階も含んだプロセス全体にかかわる評価であることはすでにみたとおりである。地域学校協働における学校運営協議会等では，「目指す子ども像」などビジョンの共有をめざしたワークショップの試みは進められてきているが，評価ワークショップの考え方はまだ取り入れられていない。そこで，第6章で示した図6.2のワークシートを活用し，地域学校協働のマネジメント・プロセス全体を通した検討や振り返りを行っていくことが，今後重要になってくると考えられる。ただし，その前に，従来型の評価の考え方を組織アンラーニングして，参加型評価の考え方に置き換えることが必要かもしれない。

　このような参加型評価による学びの場では，各自の省察と価値観に基づく討議を通した"意見の再形成"が行われ，異なる意見があるからこそ，新たなアイデアが生まれることも指摘されている[9]。そして，その場における関係者の関係は「異なる経験と知見をもつ」という意味で対等と位置づけられている。地域学校協働においても，地域と学校とは対等なパートナーの関係にある。だが，これまで指摘してきたように地域学校協働にかかわる大人たちは成人であるがゆえに，メンタル・モデルをさまざまにかかえていたり，かれらの豊富な経験がかえってマイナスに作用する場合もあるだろう。そのため，最初から両者は対等な関係と捉えるのではなく，パートナーとなるべく学びを通してお互いに成長していく存在と捉えることが大切なのである。

そのように捉えると，行政（教育委員会）としては，これまでみてきた介入も含めたかれらへの支援に積極的に乗り出すことが必要となる。その際，かれらの組織的な学びが低次学習のみの繰り返しにならないよう，高次学習の視座への促しや凝り固まった価値観を解きほぐすような働きかけも求められる。

　地域に目を向けると，協働本部の整備といった「地域の組織化」を先決問題としてあげていた。この問題については，教育委員会の生涯学習・社会教育担当部局が学校と連携しながら，さらなる整備を図っていくことが要求される。加えて，学校のカウンターパートとなるべく，かれらの学びや成長を促していくことも必要である。さもないと，協働本部の位置づけが低下し，ますますCSへの推進体制の一元化に拍車がかかることになるだろう。

　いっぽう，CSの場合は，教育委員会の学校教育担当部局が所管するケースがほとんどで，その支援もCSを導入することに主眼がおかれているようだ。たしかに，学校運営協議会の設置率を高めることは必要で，その支援も大切である。だが，何度も繰り返していうがCSはツールにすぎない。そのため，CSというツールを使って，地域学校協働にかかわる大人同士で「我々は何がしたいのか，何を改善したいのか」を，学びを通して一緒に考えて行動していくことが肝心なのである。それゆえ，学校運営協議会を設置することへの支援にとどまらず，「目指す子ども像」の実現に向けたかれらの学びあいが継続的に促されるよう，マネジメント・プロセスに沿った支援がこれから大事になってくる。その際，地域学校協働にとって，組織学習や参加型評価の考え方は示唆に富んでおり，評価ワークショップも魅力的な手法といえる。

　ただし，ここまでみてきたさまざまな支援を行っていくには，縦割りの行政ではどうしても限界がある。したがって，今後は生涯学習（社会教育）や学校教育といった行政の垣根を越えて，地域学校協働の観点からの包括的な支援を考えて取り組んでいく必要があるだろう。

　最後に，地域学校協働にかかわる大人たちの学びを重視するあまり，その点を過度に強調しすぎたかもしれない。組織間協働の知見によれば，協働活動におもしろさや楽しさを感じていないと，コラボレーションは長続きしないとさ

れる[10]。お互いが学びながらも変化する相互変容性を大事にして，持続可能性のある地域学校協働をめざしていくには，協働活動にある「楽しさ」こそが活力源であり，推進の鍵だといえそうだ。　　　　　　　　　　　　【熊谷愼之輔】

注
1) エリク・エリクソン／仁科弥生訳（1977）『幼児期と社会1』（*Childhood and Society,* 1950）みすず書房，p.343。
2) 岡本祐子編（2005）『成人期の危機と心理臨床—壮年期に灯る危険信号とその援助』ゆまに書房，p.8。
3) 鑪幹八郎（2002）『アイデンティティとライフサイクル論』ナカニシヤ出版，p.171。
4) エリクソン，前掲，p.343。
5) 西平直（1993）『エリクソンの人間学』東京大学出版，p.101。
6) スクールミドルが中心（ギア）となって「教職員同士の歯車」を回していくことについては，小島弘道・熊谷愼之輔・末松裕基（2012）『学校づくりとスクールミドル』〈講座　現代学校教育の高度化11〉学文社．を参照のこと。
7) 熊谷愼之輔（2015）「教師の職能発達と『学校・家庭・地域の連携協力』の関連—スクールミドルの『世代性』に着目して」『日本生涯教育学会年報』（36），p.163-181。
8) 源由理子編（2016）『参加型評価—改善と変革のための評価の実践』晃洋書房，p.26。
9) 同上，p.28。
10) 佐々木利廣・加藤高明・東俊之・澤田好宏（2009）『組織間コラボレーション—協働が社会的価値を生み出す』ナカニシヤ出版，p.204。

付　記

　新型コロナウイルス感染症の拡大は依然として威力が衰えず，全世界で未曾有の事態を引き起こしている。こうした状況のなか，「地域学校協働活動」のほとんどが，中止か延期を余儀なくされていると思われる。たしかに，地域学校協働どころではないかもしれない。だが，大人と子どもの学びあい・育ちあいを促していくには，地域学校協働の考え方や取組が有効であることは間違いない。"明けない夜はない"と信じて，今こそ，自分たちの地域や学区にあった「地域学校協働のデザインとマネジメント」のあり方を，「3つの密」を避けながら，あるいはオンライン会議システムなどを用いてじっくりと考え，明日への英気を養う好機と捉えるべきだろう。本書が，その一助になれば望外の幸せである。

　刊行にあたり，学文社の二村和樹氏にはたいへんお世話になった。あわせてここに記してお礼と感謝を申し上げたい。

　令和3年1月

　　　　　　　　　　　　　　　　　　　　　　　　　　著　者

巻末資料

■社会教育法

昭和二十四年六月十日法律第二百七号
最終改正平成二十九年法律第五号　抜粋

第五条　市（特別区を含む。以下同じ。）町村の教育委員会は，社会教育に関し，当該地方の必要に応じ，予算の範囲内において，次の事務を行う。

　一～十二　（略）

　十三　主として学齢児童及び学齢生徒（それぞれ学校教育法第十八条に規定する学齢児童及び学齢生徒をいう。）に対し，学校の授業の終了後又は休業日において学校，社会教育施設その他適切な施設を利用して行う学習その他の活動の機会を提供する事業の実施並びにその奨励に関すること。

　十四　青少年に対しボランティア活動など社会奉仕体験活動，自然体験活動その他の体験活動の機会を提供する事業の実施及びその奨励に関すること。

　十五　社会教育における学習の機会を利用して行つた学習の成果を活用して学校，社会教育施設その他地域において行う教育活動その他の活動の機会を提供する事業の実施及びその奨励に関すること。

　十六～十九　（略）

2　市町村の教育委員会は，前項第十三号から第十五号までに規定する活動であつて地域住民その他の関係者（以下この項及び第九条の七第二項において「地域住民等」という。）が学校と協働して行うもの（以下「地域学校協働活動」という。）の機会を提供する事業を実施するに当たつては，地域住民等の積極的な参加を得て当該地域学校協働活動が学校との適切な連携の下に円滑かつ効果的に実施されるよう，地域住民等と学校との連携協力体制の整備，地域学校協働活動に関する普及啓発その他の必要な措置を講ずるものとする。

第六条　都道府県の教育委員会は，社会教育に関し，当該地方の必要に応じ，予算の範囲内において，前条第一項各号の事務（同項第三号の事務を除く。）を行うほか，次の事務を行う。

　一～五　（略）

2　前条第二項の規定は，都道府県の教育委員会が地域学校協働活動の機会を提供する事業を実施する場合に準用する。

第九条の七　教育委員会は，地域学校協働活動の円滑かつ効果的な実施を図るため，社会的信望があり，かつ，地域学校協働活動の推進に熱意と識見を有する者のうちから，地域学校協働活動推進員を委嘱することができる。

2　地域学校協働活動推進員は，地域学校協働活動に関する事項につき，教育委員会の施策に協力して，地域住民等と学校との間の情報の共有を図るとともに，地域学校協働活動を行う地域住民等に対する助言その他の援助を行う。

■地方教育行政の組織及び運営に関する法律

昭和三十一年法律第百六十二号

最終改正令和元年法律第三十七号　抜粋

第四十七条の五　教育委員会は，教育委員会規則で定めるところにより，その所管に属する学校ごとに，当該学校の運営及び当該運営への必要な支援に関して協議する機関として，学校運営協議会を置くように努めなければならない。ただし，二以上の学校の運営に関し相互に密接な連携を図る必要がある場合として文部科学省令で定める場合には，二以上の学校について一の学校運営協議会を置くことができる。

2　学校運営協議会の委員は，次に掲げる者について，教育委員会が任命する。

　一　対象学校（当該学校運営協議会が，その運営及び当該運営への必要な支援に関して協議する学校をいう。以下この条において同じ。）の所在する地域の住民

　二　対象学校に在籍する生徒，児童又は幼児の保護者

　三　社会教育法（昭和二十四年法律第二百七号）第九条の七第一項に規定する地域学校協働活動推進員その他の対象学校の運営に資する活動を行う者

　四　その他当該教育委員会が必要と認める者

3　対象学校の校長は，前項の委員の任命に関する意見を教育委員会に　申し出ることができる。

4　対象学校の校長は，当該対象学校の運営に関して，教育課程の編成その他教育委員会規則で定める事項について基本的な方針を作成し，当該対象学校の学校運営協議会の承認を得なければならない。

5　学校運営協議会は，前項に規定する基本的な方針に基づく対象学校の運営及び当該運営への必要な支援に関し，対象学校の所在する地域の住民，対象学校に在籍する生徒，児童又は幼児の保護者その他の関係者の理解を深めるとともに，対象学校とこれらの者との連携及び協力の推進に資するため，対象学校の運営及び当該運営への必要な支援に関する協議の結果に関する情報を積極的に提供するよう努めるものとする。

6　学校運営協議会は，対象学校の運営に関する事項（次項に規定する事項を除く。）について，教育委員会又は校長に対して，意見を述べることができる。

7　学校運営協議会は，対象学校の職員の採用その他の任用に関して教育委員会規則で定める事項について，当該職員の任命権者に対して意見を述べることができる。この場合において，当該職員が県費負担教職員（第五十五条第一項，第五十八条第一項又は第六十一条第一項の規定により市町村委員会がその任用に関する事務を行う職員を除く。）であるときは，市町村委員会を経由するものとする。

8　対象学校の職員の任命権者は，当該職員の任用に当たつては，前項の規定により述べられた意見を尊重するものとする。

9　教育委員会は，学校運営協議会の運営が適正を欠くことにより，対象学校の運営に現に支障が生じ，又は生ずるおそれがあると認められる場合においては，当該学校運営協議会の適正な運営を確保するために必要な措置を講じなければならない。

10　学校運営協議会の委員の任免の手続及び任期，学校運営協議会の議事の手続その他学校運営協議会の運営に関し必要な事項については，教育委員会規則で定める。

■新しい時代の教育や地方創生の実現に向けた学校と地域の連携・協働の在り方と今後の推進方策について（答申のポイント）
2015 年 12 月中央教育審議会答申

第1章　時代の変化に伴う学校と地域の在り方

＜教育改革、地方創生等の動向から見る学校と地域の連携・協働の必要性＞

◆ 地域社会のつながりや支え合いの希薄化や地域住民による地域の教育の必要性の低下や、家庭教育の充実の必要性が指摘。また、学校が抱える課題は複雑化・困難化。
◆ 「社会に開かれた教育課程」を柱とする学習指導要領の改訂や、チームとしての学校、教員の資質能力の向上等、昨今の学校教育を巡る改革の方向性や地方創生の動向において、学校と地域の連携・協働の重要性が指摘されている。
◆ これからの厳しい時代を生き抜く力の育成、地域から信頼される学校づくり、社会的な教育基盤の構築等の観点から、学校と地域はパートナーとして相互に連携・協働していく必要があり、そのことを通じ、社会総掛かりでの教育の実現を図る必要。

＜これからの学校と地域の目指すべき連携・協働の姿＞

地域とともにある学校への転換	子供も大人も学び合い育ち合う教育体制の構築	学校を核とした地域づくりの推進
■開かれた学校から一歩踏み出し、地域の人々と目標やビジョンを共有し、地域と一体となって子供たちを育む「地域とともにある学校」に転換。	■地域の様々な機関や団体等がネットワーク化を図りながら、学校、家庭及び地域が相互に協力し、地域全体で学び支え合い、育ち合う教育体制として構築。	■学校を核とした協働の取組を通じて、地域の将来を担う人材を育成し、自立した地域社会の基盤の構築を図る「学校を核とした地域づくり」を推進。

第2章　これからのコミュニティ・スクールの在り方と総合的な推進方策

＜これからのコミュニティ・スクールの仕組みの在り方＞
（コミュニティ・スクールの仕組みとしての学校運営協議会制度の基本的方向性）
◆ 学校運営協議会の目的として、学校を応援し、地域の実情を踏まえた特色ある学校づくりを進めていく役割を明確化する必要。
◆ 現行の学校運営協議会の機能（校長の定める学校運営の基本方針の承認、学校運営に関する意見、教職員の任用に関する意見）は引き続き備えることとした上で、教職員の任用に関する意見に関しては、柔軟な運用を確保する仕組みを検討。
◆ 学校運営協議会において、学校支援に関する総合的な企画・立案を行い、地域住民等との連携・協力を促進していく仕組みとする必要。
◆ 校長のリーダーシップの発揮の観点から、学校運営協議会の委員の任命において、校長の意見を反映する仕組みとする必要。
◆ 小中一貫教育など学校間の教育の円滑な接続に資するため、複数校について一つの学校運営協議会を設置できる仕組みとする必要。

（制度的位置付けに関する検討）
◆ 学校が抱える複雑化・困難化した課題を解決し子供たちの生きる力を育むためには、地域住民や保護者等の参画を得た学校運営が求められており、コミュニティ・スクールの仕組みの導入により、地域の学校・協働体制が組織的・継続的に確立される必要。
◆ このため、全ての公立学校がコミュニティ・スクールを目指すべきであり、学校運営協議会の制度的位置付けの見直し等を含めた方策が必要。最終的には学校又は教育委員会の自発的な意志による設置が望ましいこと等を勘案しつつ、教育委員会が、積極的にコミュニティ・スクールの推進に努めていくよう制度的位置付けを検討。

＜コミュニティ・スクールの総合的な推進方策＞
◆ 国として、コミュニティ・スクールの一層の推進を図るため、財政支援を含めた条件整備や質の向上を図るための方策を総合的に講じる必要。
　○様々な類似の仕組みを取り込んだコミュニティ・スクールの裾野の拡大　　○学校の組織としての総合的なマネジメント力の強化
　○学校運営協議会の委員となる人材の確保と資質の向上　　　　　　　　　○地域住民や保護者等の多様な主体の参画の促進
　○コミュニティ・スクールの導入に伴う体制面・財政面の支援等の充実　　○幅広い普及・啓発の推進
◆ 都道府県教育委員会：都道府県としてのビジョンと推進目標の明確化、知事部局との連携・協働、全県的な推進体制の構築、教職員等の研修機会・内容の充実、都道府県立学校におけるコミュニティ・スクールの推進など
◆ 市町村教育委員会：市町村としてのビジョンと推進目標の明確化、首長部局との連携・協働、未指定の学校における導入等の推進など

第3章　地域の教育力の充実と地域における学校との協働体制の在り方

＜地域における学校との協働体制の今後の方向性＞　「支援」から「連携・協働」、「個別の活動」から「総合化・ネットワーク化」へ

◆ 地域と学校がパートナーとして、共に子供を育て、共に地域を創るという理念に立ち、地域の教育力を向上し、持続可能な地域社会をつくることが必要。
◆ 地域と学校が連携・協働して、地域全体で未来を担う子供たちの成長を支えていく活動を「地域学校協働活動」として積極的に推進することが必要。
◆ 従来の学校支援地域本部、放課後子供教室等の活動をベースに、「支援」から「連携・協働」、個別の活動から「総合化・ネットワーク化」を目指す新たな体制としての「地域学校協働本部」へ発展させていくことが必要。
◆ 地域学校協働本部には、①コーディネート機能、②多様な活動（より多くの地域住民の参画）、③持続的な活動の3要素が必要。

　地域学校協働活動の全国的な推進に向けて、地域学校協働本部が、早期に、全小・中学校区をカバーして構築されることを目指す

◆ 都道府県・市町村において、それぞれの地域や学校の特色や実情を踏まえつつ、地域学校協働活動を積極的に推進。国はそれを総合的に支援。
◆ 地域住民や学校との連絡調整を行う「地域コーディネーター」及び複数のコーディネーターとの連絡調整等を行う「統括的なコーディネーター」の配置や機能強化（持続可能な活動に対する財政的な支援、人材の育成・確保、質の向上等）が必要。

＜地域学校協働活動の総合的な推進方策＞
◆ 国：全国に質の高い地域学校協働活動が継続的に行われるよう、制度面・財政面を含めた条件整備や質の向上に向けた方策の実施が必要。
　○地域学校協働活動推進のための体制整備の必要性及びコーディネーターの役割・資質等について明確化
　○各都道府県・市町村における推進に対する財政面の支援　　○地域学校協働本部・コーディネーター間の情報共有、ネットワーク化の支援　等
◆ 都道府県教育委員会：都道府県としてのビジョンの明確化・計画の策定、市町村における推進活動の支援、都道府県立学校に係る活動体制の推進　等
◆ 市町村教育委員会：市町村としてのビジョンの明確化・計画の策定、体制の整備、コーディネーターの配置、研修の充実　等

第4章　コミュニティ・スクールと地域学校協働本部との一体的・効果的な推進の在り方
◆ コミュニティ・スクールと社会教育の体制としての地域学校協働本部が相互に補完し高め合う存在として、両輪となって相乗効果を発揮していくことが必要であり、当該学校や地域の置かれた実情、両者の有機的な接続の観点等を踏まえた体制の構築が重要。

出所：文科省「新しい時代の教育や地方創生の実現に向けた学校と地域の連携・協働の在り方と今後の推進方策について（答申のポイント等）」https://www.mext.go.jp/component/b_menu/shingi/toushin/__icsFiles/afieldfile/2016/02/08/1365791_2_2.pdf（2021年1月12日確認）

［執筆者］

熊谷　愼之輔（くまがい　しんのすけ）　　　　　　　　　　　［第1・5・6章・終章］
　　岡山大学大学院教育学研究科教授
　　広島大学大学院教育学研究科博士課程後期単位取得退学後，島根大学を経て現職
　　専門：生涯学習論，社会教育学，博士（学校教育学）
　　主要著書：『スクールリーダーの原点－学校組織を活かす教師の力』金子書房（共編著），
　　『生涯学習社会の構築』福村出版（分担），『社会教育計画の基礎［新版］』学文社（共編
　　著），『学校づくりとスクールミドル』学文社（共著），『社会教育経営の基礎』学文社（共
　　編著）

志々田　まなみ（ししだ　まなみ）　　　　　　　　　　　　　　［序章・第1・3章］
　　国立教育政策研究所生涯学習政策研究部総括研究官　（併）社会教育実践研究センター社
　　会教育調査官
　　広島大学大学院教育学研究科博士課程後期単位取得退学後，広島経済大学を経て現職
　　専門：生涯学習論，社会教育学，修士（教育学）
　　主要著書：『社会教育経営の基礎』学文社（分担），『生涯学習支援論』ぎょうせい（分担），
　　『生涯学習概論』ぎょうせい（分担），『生涯学習社会の構図』福村出版（分担），『生涯学
　　習支援の道具箱』一般社団法人社会教育通信教育協会（分担）

佐々木　保孝（ささき　やすたか）　　　　　　　　　　　　　　　　　　　　［第2章］
　　天理大学人間学部人間関係学科生涯教育専攻教授
　　広島大学大学院教育学研究科博士課程後期単位取得退学後，同研究科助手を経て現職
　　専門：生涯学習論，社会教育学，修士（教育学）
　　主要著書：『社会教育経営の基礎』学文社（分担），『大学開放論―センター・オブ・コ
　　ミュニティ（COC）としての大学』大学教育出版（分担），『成人教育・生涯学習ハンド
　　ブック　理論と実践』明石書店（翻訳：分担），「学士課程教育における生涯学習者の養成
　　―天理大学における取り組みを中心に」『日本生涯教育学会年報』38号

天野　かおり（あまの　かおり）　　　　　　　　　　　　　　　　　　　　　［第4章］
　　下関市立大学経済学部准教授
　　広島大学大学院教育学研究科博士課程後期単位取得退学後，尚絅大学を経て現職
　　専門：生涯学習論，社会教育学，成人教育学，修士（教育学）
　　主要著書：『アメリカ成人教育史』明石書店（翻訳：分担），『地域の持続可能性―下関か
　　らの発信』学文社（分担），『社会教育経営の基礎』学文社（分担）

地域学校協働のデザインとマネジメント
～コミュニティ・スクールと地域学校協働本部による学びあい・育ちあい～

2021 年 3 月 25 日　第 1 版第 1 刷発行
2023 年 10 月 10 日　第 1 版第 3 刷発行

著者　　熊谷　愼之輔
　　　　志々田まなみ
　　　　佐々木　保孝
　　　　天野　かおり

発行者　田 中 千 津 子　〒153-0064　東京都目黒区下目黒 3 - 6 - 1
　　　　　　　　　　　　　電話　03（3715）1501 ㈹
発行所　株式 学 文 社　FAX　03（3715）2012
　　　　会社　　　　　　 https://www.gakubunsha.com

乱丁・落丁の場合は本社でお取替します。
定価はカバーに表示。

ISBN 978-4-7620-3038-3